BLACK SWAN | 黑天鹅

为 人 生 提 供 领 跑 世 界 的 力 量

BLACK SWAN

响聊聊职场

李响 著

多一个人和你分享
少一点难自己肩扛

中国商业出版社

图书在版编目（CIP）数据

响聊聊职场/李响著. —北京 ：中国商业出版社，2012.4

ISBN 978-7-5044-7618-0

Ⅰ. ①响… Ⅱ. ①李… Ⅲ. ①职业选择—通俗读物 Ⅳ. ①C913.2-49

中国版本图书馆CIP数据核字（2012）第051250号

责任编辑：王　彦

中国商业出版社出版发行

010-63033100 www.c-cbook.com

（100053 北京广安门内报国寺1号）

新华书店总店北京发行所经销

北京慧美印刷有限公司

* * * * *

710毫米×1000毫米　1/16开　14印张　150千字　8页彩插

2012年5月第1版　2012年5月第1次印刷

定价：32.00元

* * * *

序

认识李响到混得熟络是因为《职来职往》。

因为我喜欢职场节目，自己做公司十多年来，深知其中不易。

把这个小社会搬到电视上——放大、角逐，是一件不容易的事。

对于主持人更不易！

多年前我在央视跟李佳明做了一档节目叫《绝对挑战》，领教了那是一个人精的场地。

敢来秀的，绝对是意志力、自信程度比一般人高的！

这是主持人最怕也是最刺激的！

怕的是，你要是弱了绝对被灭了！

刺激的是，有句话叫：与人斗其乐无穷！

后来的职场节目叫《职来职往》。

一个主持人跟一群人逗，乐不乐只有李响他们自己知道了。

我看到李响的成长就是在这个节目中，每次见到他我就调侃，做完这个节目，还不整个人力副总裁做做？呵呵！

李响是个有抱负的男人，我看得出他内心追求的东西很高，对自己总是不满意，虽然他没表达过。

我知道，这是每个主持人成长的一部分。

在矛盾中蜕变！

在自信与自责中前行！

每次他跟我交流专业的时候，那表情跟前倾的姿势让我特想笑。

您就不能松弛点吗？

他的可爱之处是：总是期望我说出什么箴言妙语，让我觉得自己像个长辈！

而我喜欢胡说八道、调侃。所以，每次我们吃饭聊天搞得我都有点假正经！

我看到李响总是希望做出一个与众不同的节目跟表达方式。

这种状态让我看到了埋藏在他身上的金矿。

一个主持人，需要十多年的塑造才会给观众带来一种固定的印象。

这个谁都改变不了，国外更是如此。

所以，这个职业挑战的就是人的耐力跟对梦想的执著！

如果你混，也可以丰衣足食；如果你很想干出一番事业，做一个真正有个性的主持人，你要付出很多，不仅是时间，还有团队的支持，机遇的惠顾！

所以，我们经常听到一些人说，不就是扛活吗？扛活在我们这行俗称扛着明星脸不动脑子地走过场而已！

李响绝不是，他是一个怀揣梦想的人。

我想：他今后注定很累、很艰难……

但我感觉到他很坚决，决定这么做！

人跟人相处就像照镜子，他让我看到了当年混不吝做《超级访问》的那个李静，就对应在这个年轻的主持人身上，我没有理由不欣赏他，不鼓励他，不支持他！

我喜欢他这本书的定位，不是讲成功。

在我看来，书中的人物都是在讲选择，选择一个机会，失去一个机会，这就是代价，你永远不知道这一次的选择是赢是输，是对是错！

我跟李响分享过我自己关于选择的故事。

我想说：选择背后的动机不是机遇的来临，是你内心早已暗示你对现状的疑虑！

总是有人问我，我该这样选择吗？

我的答案是：鬼才知道！

李静

（东方风行集团创始人、乐蜂网 LAFASO 及静佳 JPLUS 品牌创始人、著名主持人）

Contents
目录

杨石头：

坚硬的石头其实有温度

《职来职往》的达人们经常会组织聚会，大家都很喜欢在录影之余泡在一块儿，喝点儿小酒、扯点儿闲谈，只要有时间，每个人都会积极参加，只有一个人例外。

这个人就是石头哥。在我的印象中，他真正参与的只有一次，那是一个下雨的晚上，他没有在大家的喧闹中说太多话，但那也是他第一次，单独跟我说了那么多。

那时候《职来职往》刚开播几个月，他对我说：响，这是个好节目，而且我觉得照这样下去，势头会越来越好。如果说这档节目是列带着年轻人去往幸福的列车，你，就是这列车的车头，我们是一节节的车厢，你拉着我们往前走，我们迎着年轻人上车。

我觉得他太抬举我了，笑着回应：你们是车厢不假，我顶多是这列火车的乘务员，我是做服务工作的。

他没搭我的腔，接着说：你有没有想过，把你听到的和看到的写成一本书，因为一档节目的生命毕竟是有限的，但是文字却能保存很久，哪天我们不站在那儿了，年轻人也能有些正确的指引。

这就是杨石头，一个永远心忧他人、未雨绸缪的男人，一块永远被误读的硬石头。

经常看《职来职往》的观众朋友，都会记得智立方的董事长杨石头，都会想起他睿智的小眼睛、合体的西装、胸前的红五星、出口成章的语录和让人担忧的强直性脊椎炎。

的确，他就是一个永远不知疲倦的“老男人”，一个也会落泪的“老愤青”。初次看他，觉得这个大叔般的男人，是那么的有才华；看多了，觉得这个男人好像挺会装的；但真正了解杨石头更多一点，会发现他其实很简单，简单到你若能把一个故事编得稍微像那么回事儿，他就感动得和你一起一把鼻涕一把泪。

有次我问他，为什么大家聚的时候总不见他，怎么这么不合群儿？

他没有像以往那样总是笑笑再回答，他沉默了几秒钟，压低了声音说：每次你们聚的时候我都不太敢说话，大家都差不多的身份，可你们都好年轻啊，我比你们大十几岁，坐在你们身边，我感到好自卑。

他的经历，让他时刻和荣耀与自卑同行，他傲慢或许是源于他的自卑，他谦逊反而是因为他曾经站到过的风光。

离家的人更注重家的温暖

电梯停在7楼，门打开了，电梯间的走廊不大，右边有一间小玻璃房子，是吸烟室，烟雾还有点儿缭绕，像是有人刚刚在这里结束思考。左边进门处有一块儿挺大的黑板，走近一看，吓我一跳："欢迎响哥莅临指导！"是用彩色粉笔板书的，旁边还用其他颜色的粉笔字装饰着各种意境。

这、这也太隆重了吧，我心想着。

一抬头，石头哥按照我们事先约好的时间，准时出现在智立方的门口，热情地把我招呼进去。果然是一家贩卖智慧的公司，前台简简单单，但休息区布置得很舒适，想来是客户络绎不绝，不能怠慢。休息区紧挨着一个立方体的大玻璃房子，是个会议室。

智！立方？

应该有此用意，在一个真正的立方体中，智力激荡，这是简意。让智慧的触觉，全方位各角度地延伸，让创意填满整个想象的空间，或许才是这个图腾般的追求。我看得有些呆。

"响哥，先认识认识我们的伙伴？"

石头哥把我引到他们的办公区域，很宽阔的大开间，每个员工各司其位。突然，平地里站起十来个人，冲着我喊道："响哥，欢迎你！"最前面的一个还送上一瓶饮料。

"我们都是从《职来职往》被招进智立方的，谢谢响哥。"

我瞬间鼻子发酸，泪水在眼眶里打转，突然觉得自己的工作那么有意义，后来我回到节目组，也跟团队的人分享了这些瞬间。在光线、在新浪、在乐蜂网、在智立方，我把每一次的感动瞬间告诉大家，是大家一起努力成就了那些孩子的梦。

那是半年前，我刚开始筹划这本书的时候，一天下午和石头哥约好，去他的办公室，听他的故事。没想到，他的伙伴们给我来了个这么温馨的欢迎仪式。我和他坐下后，先从智立方的这班年轻战友聊起。

这是一个满是年轻人的地方，论年纪，石头在他们中间到了叔叔辈，年轻人们想出了很多好玩儿的东西，让这个家庭人情味儿十足。比如在智立方有个“守护天使”，每个员工在不知情的状况下，每个月都会拥有一位守护天使（守护天使是抽签决定的），这位天使在这个月内默默地帮助自己守护的同事：在他通宵加班后，天使第二天提早悄悄地把早餐放在他的座位上；他有搞不定的工作时，天使不动声色地帮他完成。诸如此类的人性化设计还有很多，真是个有意思的集体。

我不知道这些创意的被允许，是否跟石头哥孤独的青少年时代有关。

他是家里最小的孩子，也是家里唯一的坏孩子，学习差，又叛逆，中学逃学去练武，没学成李连杰，功课落下一大截。在要求德智体全面发展的年代，他却偏科偏得一塌糊涂，语文一科常常是全年级第一，总成绩竟然是全年级倒数第二，没法再差了，因为倒数第一的同学智力有些问题。

在学校里没学明白，在校外也不老实，经常来家访的不是班主任，而是片区民警。这样的孩子，在家里也会被嫌弃。没有上学的出路，家里只能托人给安排进工厂，学着做技工，用他姐夫的话说，就算老天开眼，他这辈子顶破天也就是个车间主任。

当工人本也是条出路，但他想不能这样过一辈子。走在路上，偶尔看见有些学生背着画板、提着颜料桶，他觉得这个挺有范儿，想要学画画，说不定以后能当个艺术家。那时候的他已经 20 岁了，突然蹦出个这么没谱的想法，全家人都反对，只有姐姐支持。为什么姐姐那么善解人意?

那是因为，甭管他画成什么样，至少不会出去给家里惹事儿了。

接着就开始学画了，他什么基础都没有，只能去一个地儿从头开始学——少年宫。他一到教室门口，人家说，家长不让进啊，他好不容易找出学员证，才证明了自己的身份。他报的是初级班，从最基础的素描技法学起，班里就他一个 20 岁的，其他都是五六岁的孩子，教室的小板凳他勉强能坐下，再站起来都费劲。就这样，他开始和绘画结缘。

慢慢地学了一段时间后，他画画的技术就可以换成饭吃了，晚上学画画，白天出去打工，给人家画广告牌，“计划生育是我国基本国策”、“一家只生一个好”之类的。也不知道倒了几手的活儿，到他这儿基本上没什么钱拿，但是他很拼命，一天画十几个小时，饿了就在脚手架上啃个馒头，困了就躺上面眯会儿，睡的时候腰上系根绳子，怕摔下来。这样拼命干，一个月能有个 400 元的收入，好歹不用在家里吃闲饭了。

当年考不上大学，但他一直有个大学梦，揣着积攒下来的血汗钱，他要去报考四川美院。家里又有了不同的声音，觉得已经有工作、有保障了，干吗还去做那个梦？20 岁的石头终于清醒了，他说这份工作只能是“保障贫困”，他要出人头地。

20 多年前考四川美院真是难啊，4000 人报名，只收 13 个。补习专业课的时候，他画了一天，课程结束后往三人合租的小屋走，看着屋里的小灯亮着，想抬脚却累得挪不动，觉得那个路好长。他咬咬牙，心想死都要死在这条路上，因为自己实在没有别的路可走了，必须得撑下去。

就这样连考了三年，美院都没录取他，但最后一年，他终于考进北京服装学院。新生报到的那一年，他已经 23 岁了。

淘金的死了，卖锹的发了

从上大学的第一天起，石头就知道，自己的生存是有问题的，因为他要面子，不愿意23岁了还跟家里要钱。家里每个月会把钱打给一个亲戚，但他基本上不去拿。大学第一天报到完他就出去了，干什么？去打工。借了辆自行车，到处找活干，什么活都干，只要能给钱。

有个停车场，需要画个指示牌，他就去了。大热天的提着油漆桶，光着膀子跪在铁板上画，一个月能挣300元钱。于是，他得控制自己一个月的生活费，每天绝对不能超过10元钱，经常是早饭多吃俩馒头，晚饭再吃一顿，这样午饭就可以省下了。经过食堂看到别的同学，人家问吃过了吗？他只能打肿脸说吃过了，回到寝室逮到没人的时候，使劲儿喝白开水。这就是23岁的大一新生杨石头，比起班上的同学，年龄大，充满自卑感。

因为要打工养活自己，在学校学习的时间有限，为了不落下太多功课，石头就得琢磨怎么学能事半功倍，长久下来，他学会了一套记笔记、写心得的办法。老师上课讲过的，他只记重点，晚上翻着这些重点再对着书回忆，回忆老师讲这段时的思路，再把自己的心得写出来，跟写论文似的，每天写每天写，就更容易掌握。

他说他现在的习惯就是从那时候培养起来的。他不像其他同学学习那么好、绘画基础那么好，就只能每天写心得，盯着那些个画写心得，因为他感觉，但凡手到的东西，都是心里理解的东西，每天写十几条心得，一个月就三四百条，知识点就开始积累，领悟力就越来越强。

如果你看《职来职往》会发现，石头哥被拍到时，常常在低着头写写画画，那就是他在写一些脑子里突然有的语句，他说站在台上的很多时候，写的一些话，过了很久还是会触及自己，其实写的东西不只为说给选手听，更像是说给自己听。

听他说到令我自己心里难受的时候，我就跟他打趣，也缓解缓解自己的情绪。我说这是因为他老了，人上了年纪总会记不住事儿，我姥爷以前就喜欢没事儿记记东西，挺好，保证石头哥老了也不会健忘，呵呵。

他说真的是这样，他永远活在一个“老”的状态里，学画画比孩子们老，上大学比同学们老，老到这个年纪在任何单位，都应该是个有资历的人了。这也就是为什么，他进大学没多久，冒着被留校察看的风险，都要出去找工作，他要把耽误的时间给找回来。

第二学期，他去一家广告公司求职，那时他已经算是有基础了，年纪大些也敢讲话，就顺利地入职了。他被派到企划部，做企划总监助理，月薪 2000 元，终于能好好地养活自己了。那会儿他还在上学，为了保住这个月薪 2000 元的饭碗，只能瞒着公司说自己念的是在职续本，是啊，他的年龄很符合这个谎言啊。这样，他就可以灵活安排上班时间，每周有三四个半天，是可以回学校学习的。

在广告公司锻炼了半年多，他觉得自己应该也能试着做个小公司，还能经历更多的工作流程，就辞职了。从学校带上几个同学，一起开了个石头设计工作室，跑中关村什么的，求人家公司让他设计 VI、包装盒，能做的就尽量做，每天到处找活儿。

现在很多同学常说，我在学校也有些社会实践经验，我在学生会做过什么什么，在校团委组织过什么什么，其实那都不是真正的社会。学校里的任何社团，出了岔子，总还有学校顶着，不会面临多么有风险的市场考验。只有把自己丢出去，才能真正得到市场实操的经验。

到了快毕业时，石头已经积累了信心，觉得自己未来找份工作，应该没有太大问题。他学的是装潢专业，当时面临两种选择：很火的装修行业和不太规范的广告行业。他想了想，觉得广告行业是可以把艺术和文学结合在一起的，自己要做个文化人，做广告至少能算半个文人，好，那就走广告这条路，而且，要去规范的大公司。

他给几家大的广告公司都投了简历，其中有一家是奥美。奥美通知他可以去面试，他很兴奋，因为这是一家很牛的广告公司，圈内人都曾经把奥美视为航母级别的。

他去面试，遇到了未曾想到的局面。面试官跟他说，以他的水平，很难直接进入公司，但有一个叫 BF 的总经理要出去自己创业了，问他愿不愿意跟着去。他也明白，自己已经二十六七了，没有很高的学历，英语又差，进外企大公司恐怕也没什么好结果，那就跟有经验的人一起去创业吧，他就答应了。

后来的事实证明，面试官没有判断错。石头是一个散漫的人，不懂得注意细节，公司第一次开会，每个人都会作会议记录，笔的位置、电脑电源的走线都有讲究，人家都有条不紊，他却一团乱。结果他就被老板当着所有人的面痛批一顿。会议结束后大家走了，他一个人还留在那儿，会议室黑着灯，同事回来看见问他怎么了，他说没事儿，自己想静静，其实是他觉得太丢人了。从此，他逼着自己，要改掉一些习惯，要按人家的规矩来。

他把那次的经历，视为对自己的第一次磨炼，他把公司整体的生存发展，也当做自己迅速成长的同步历练，什么事儿都跟着做，什么事儿都愿意争取去尝试，去训练自己的思考能力。慢慢地，他还学着为公司着想，公司派他去上海，让他离开北京这个非常熟悉的环境，他也领命了。

北京是个老北京，上海是个大上海，他在上海战斗了六七年。从客户总监，到后来中国区的副总，他说来到上海，自己其实是走了一条浓缩的路，在专业技术和全局思考这些方面发展，自己的工作血统才开始融入这个行业，这让他更清楚，培养一个良性的思维习惯特别重要。

在上海打拼了一段时间之后，他开始思考，是否可以有一个新尝试。什么尝试呢？很多人去淘金，淘得着的就赚了，淘不着的就死了，可卖铁锹的都赚钱了，淘金的都得用铁锹嘛。他做的是客户总监，那是不是可以转身成为一个执行顾问？不属于任何公司，但任何公司需要他的时候，他都可以凭借多年在广告公司为客户服务的经验，做一个管理者和经营者一体化的角色，这样时间上也可以自由很多。

从 2000 年到 2003 年，他做了三年执行顾问，在这个过程中，他又有了新的提升，思考组织行为、研究如何迅速提升公司形象，这些都使他得到了新的收获，也为日后的智立方做企业品牌营销顾问开启了思路。

石头因画画进入广告公司，因规范化的教育思考公司整体形象，因接触客户又开始思考品牌经营的方式，从而变成品牌营销的顾问。这个轨迹，对我们每个人，都是个很好的提醒。其实在工作中，我们不能只是一条线思考问题，一条线只能做好眼前事，在扎实做好工作的同时也要会思考。小时候学过的一个成语，叫触类旁通，就是告诉我们，思考要像织网一样，由点及面，才能真正找到自己的优势。

被打回原形才能重新开始

做品牌顾问，石头要扮演四个角色：

第一个角色是队员，重大案子他必须都得参与；

第二个角色是教练，要教好新的团队成员一块儿成长；

第三个角色是学者，得整理很多实例做成课件以便分享；

第四个角色是传教士，因为他认为，在劳资关系的背景下，得有一个人在团队中间分洒阳光、传达价值观。就像古代，真正让君王有信心治理国家的，其实不是君王自己，而是祭司。团队氛围融洽，大家开心，遇到意见不一致的时候才会有忍耐，求同存异；团队气氛紧张，每个人都憋着火，遇到点儿小事儿就爆发了。这是他的又一次提升。

就在一切顺利的时候，后院起火了，让他只能中途下车。接下来要说到他的感情了，估计好多崇拜大叔的萝莉要来兴趣了。

到这个时候，石头一共经历过两段感情。

第一段，是他在读大学的时候，有天上课，他旁边的一个哥们儿跟他说，你看后边那个女孩笑起来好像个太阳啊。太土的形容了，是不是？别介意，20 年前的大学生可能就那样看待异性。石头说，是挺好看的，你看上了？那哥们儿说，嗯，我看上了。可结果，那姑娘看上石头了，他只能跟那哥们儿说，不好意思，她跟我好上了。那哥们儿也没急眼，还宽慰他，肥水不流外人田嘛。哟，现实版的《那些年，我们一起追的女孩》。从大学到工作，两人好了四年，人家到了婚龄，但石头一穷二白，实在是什么也没有，女方家里从现实考虑，提出分手，石头咬着牙忍着痛地做有胸怀状，还请女方与新男友吃了顿饭。此后石头去了上海，去开拓自己新的梦想疆土了。

第二段，是他到上海后，公司有个下属喜欢他，但他知道兔子不吃窝边草，公司里不能有恋爱的事儿，就跟人家姑娘说，如果咱俩要好了，就有一个人一定要离开公司。后来石头给这个女孩安排了新的工作，两人的上海爱情故事也上演了。有天，他想了句自以为特别感人的话，跟对方说：虽然我不太会挣钱，可能也没多大出息，不过有一件事我能承诺你，但凡娶了你，我会用剩余的生命好好照顾你。唉！原来《裸婚时代》中刘易阳的话好多人说过啊！后来人家姑娘想出国留学，石头出资支持，结果人家嫁了老外。

感情受挫，家里也平生变故。母亲被查出患了结肠癌，必须立即手术。石头是个孝子，马上把所有在上海的东西都抛掉，回了北京。好在母亲体内的癌细胞还没扩散，手术很成功。术后住了三个月的院，石头给老人订了最好的病房，一天 6000 多元，他把自己挣的钱都交给医院了，终于陪着老人过了这一关。

母亲安康了，石头 33 岁了，回头看看，好像什么都经历过，又好像什么都没有了。他想，我该怎么重新开始？我要不要再回去从头做起？

当人真正开始思考，真正准备重新开始的时候，最初的一些梦想就会回来了。他想，自己是学美术的，可活到 30 多岁，却从没好好做过一天创意，就像一个学造桥的人，一辈子没有好好造过桥。33 岁之前是为了讨生活，那从现在开始，是不是可以为自己的理想努把力了？

人生的戏剧性出现了，他绕了一大圈，又一次进入奥美的大门，33 岁的杨石头要在奥美，讨一份创意的工作。

可他没法做美术了，广告已经进入电脑时代了，好多软件石头听都没听过，他只能去做文案的创意，拿着底层的薪水，靠着 30 多岁的年纪，用文字去打动客户。

进了公司，他部门的总监看着他说：“你就是杨石头啊？我听说过你，听说你很难管啊？自己开过公司，当过老板，连客户都敢指着鼻子骂，这个年纪还做文案，算了吧，你别干这个了，还是转回业务系统吧，正好，业务系统随便你折腾。”石头说，当时最让他难受的，还不是总监的这些话，而是集团的人力资源总监拍着他的肩膀说：“石头，做创意是要有天分的。”那个打击太大了，他伤心透了。

但他想，一定要忍住，做回业务就做回业务吧，他申请做BD，BD就是事业部总经理，公司有四大BD，基本上全是外籍，没有中国人，人家说你能行吗？石头说，你可以试试我。

他果然是一个不同寻常的BD，是奥美的李云龙，一个坏孩子，一个不按标准来的BD，他用自己的努力一步步地获得了同事和客户的信任。他说他其实就是想争一口气，他想让自己的价值在公司得到呈现。后来，他升到北中国区集团事业总监，兼奥美广告国内业务群副总经理。在集团内部的一次讲话时，他开场就说：我是个草根，没有哈佛的背景，也不是ABC，我能混到这个份儿上，你们没有理由比我差，今天我下台的时候，你们可能会赏赐给我一点儿掌声，不过请各位记得，今天为我鼓掌的手，明天请务必为自己加油。

我有点儿听不下去了，说你这不是挑衅吗？你这样的刺儿头，公司居然没有开掉你？你得贡献多好的业绩啊？

他说现在再回头看看自己的人生，觉得自己挺幸运的，只不过什么都来得晚了点。他说其实他挺羡慕我、羡慕刘同、羡慕陈默，30出头就收获过很多次成就感，他在35岁以前都在爬，现在也一样在爬。

他跟我举了个例子，职场里有两种人：一种人是大学生，在职场上被叫做白丁，大学只给了他素质，基本上没给技能，所谓素质，就是态度和思维逻辑。

第二种人是职场新兵，新兵怎么变成精兵？要去学习和思考，自己在哪个板块能成为小专家？哪怕是作会议记录，哪怕是调研，哪怕是给客户的 PPT 做得好，都必须在那个板块中磨尖了、磨利了，成为一个最好用的利器，并让大家知道。

而他，哪种人都不是，却好像两种人又都是，他永远在跟年龄角力，似乎每回都能赢，却又每次都输给自己。也许是因为自己太在乎，其实自己在乎的，别人根本无视，只要你能赢得尊敬，谁会管你是 25 岁还是 35 岁?

对面没有他人，只有镜子

我在念大学的时候，本专业是播音主持，辅修的专业是广告学，所以我经常跟石头哥讨论，他心中的好广告是什么样的。

他说高级的广告就像艺术，没有好坏之分，只有能不能抓人之说。一则获过大奖的运动鞋广告让石头印象很深。

画面上只出现了一双鞋，上面只有简单的两句话：这是左脚，这是右脚。所有人都在说自己有特点时，没有特点就是一种特点。

石头说，这种逆向思维，够狠。

有时微博上一大堆人问他，最近在看什么书。面对这种问题他不作回答，他觉得，问这种问题的人，是缺少自己的独立性思考的。一个人没有独立的经济能力，就不会有自尊；而一个人缺少独立的思想，就难以有自信。

职场人，要学会把自己做成一个名牌，要有独立思考的能力。独立思考，才能够采摘式地学习，之后因一个知识点而想到一个方向，然后开始朝这个方向去摸索。看书的时候，要一边吸收，一边刺激或启发大脑，想到更多的东西。所以说，不用追问别人读什么书，怎么读书，而要问问自己该怎么思考。

石头说，有一期《职来职往》，一次非常规的行动逼着他产生了新的思考。

那是一个来应聘品牌营销的男生，石头哥在给他做职业测评的时候，说我们今天玩点儿不一样的，你来出题，我来作答，完了你再来点评我的回答，通过这个过程，所有达人就能清楚地看到你的能力。

我当时突然想到，他们问答的身份换了，如果站的位置也换了，一定特别有意思。于是我打断他们，请石头哥站到我旁边来回答，请那男生站到石头哥的位置去问问题，现场所有人都开心坏了，觉得这样真好玩儿。

后来石头哥跟我说，那是所有达人都不曾经历过的，他也是第一次站在选手的位置，那个过程他貌似淡定，但往那一站才发现，18位达人的气场好强啊！他自己的压力好大啊！而且他觉得那天他的回答太一般了，他当时立即把脑袋的运算，快速切成了18份，他不知道刘同会不会瞄准自己，马丁会不会出招，夏骄阳又会提什么样的问题。他真正感受到，当一群人审视你、黑洞洞的长枪短炮对着你的时候，那根本不叫面试，那叫过堂。

所以，那天晚上他发了篇微博：石头烤煳了。他认为他的回答，最多只能打30分。

他说《职来职往》让他开始思考，如何认识年轻人，这对他很重要，得用年轻人的语境来跟年轻人交流。打个比方，如果他有一个孩子，他的本能，是做这个孩子的教练、导演甚至是编剧，而孩子本身，可能更希望他的爸爸是另一个演员，能和他演对手戏的演员，这才是平等的交流。

石头哥的母亲今年83岁了，老人家偶尔也看《职来职往》，石头回家后母亲就跟他说：“我觉得今天这期节目你有问题。”石头开始反思自己：有时候年轻人的自信就是那么一点儿，不能去碰的，就像一个小气球，一扎它就破了，什么都没了。怎么能扎那一针呢？有个选手他自己说只上到高中，你可以鼓励他学习，但不必带上一句“你学历不高”，不必戳他痛的地方，要厚德于心，要有爱，爱就像是一缸热水，让他泡在热水缸里，把他暖暖和和地包裹起来，再去引导他。

石头说，他不是一个体贴的人，但他会尽力照顾自己的伙伴，他是个团长，伙伴就是他的兵。有时，这种照顾不见得要显露出来。

有伙伴要离职，他尽量双赢，如果不能双赢，就争取让人家带着收获走。面对要出去的员工，除了奉上双倍的月薪，他基本上只有八个字：出去看看，早点回来。这个伙伴也许不再回来，但他没权利埋怨，他们曾经在这里，曾经跟他并肩战斗过，就值得感谢。

每个人，每个公司，对面都是一面面的镜子，你做成什么样，在对方眼里就反射成什么样，美的就会反射美的，丑的就会反射丑的。

企业的核心竞争力都是在人，人需要不断地精进，不断地提升，不断地改变，事为先，人为本。

年轻人身上有一些缺点，可能是功利，是短线思考。公司对于员工而言，其实不是公司，而是个道场、是个修道院。

他们公司有个实习生，平时看起来很普通，可他临走的时候，留下了一个厚厚的本子，里面写满了实习生要注意的细节：各个主管的习惯、哪台复印机为什么会卡、哪些网站要格外留意。平凡吧？全是细节，却令人刮目相看。

简单的事情重复做，就会变成专家；简单的事情用心做，就会成为赢家。

大计划有大未来

我问过石头这样一个问题，如果一个人没有那么优秀，他想改变，怎么办?

他说，这就是他成长时一直在问自己的问题。他一直觉得自己比别人差，一直想要改变。总结了 20 年，其实就六个字：大计划、大安排。

没有大计划，人就不知道自己要去哪儿，走的每一步，都是散乱的。不妨尝试着作一下计划，五年的作不了，没关系，就减一年；四年的作不了，没关系，再减一年；哪怕尽力只能作出个三个月的计划，都比没计划到处乱撞强得多。

目标应该有两种：一种是要达到的方向，一种是要瞄准的方向。当有方向的时候，再定位。定完位，各种资源、时间的安排就会定下来，这时候才能借力。对个人好、对公司也好的定位，也就是自己的核心竞争力。现在还做不到? 好吧,多长时间够? 12个月够吗? 不够,24 个月? 一寸一寸地接近，总有一天会达到。

一个人有了大目标，但是心智不成熟，就要学会在心智上突破自己。

这需要找好四个基础：

第一个是知识。在职场上，任何机会都帮不了庸人的忙。必须不断地夯实自己的知识结构。以现在的时代发展速度，每年有 30% 的知识折旧率，在快速成长的同时，知识更新很重要。

第二个是见识。要多去看看人家是怎么做的，要懂得借鉴。很多所谓的创新，其实都是优先模仿。要先看人家操作的关键点是什么，人家的知识转化成价值的过程是什么，当心中有课题的时候，处处都是资源。

第三个是胆识。学习、吸收之后再突破，看是不是能有更新的创新?哪怕是微创新，自己都要学会去融合。

第四个是智识。有知识的人很多，但有智慧的人很少，因为转识成智的思考太少，那么如何把知识转化成生产力? “聪明”跟“智慧”不一样，聪明是有“眼”有“耳”，但智慧是有“心”。

这四部分有一定的顺序，知识之后是见识，见识之后是胆识，胆识最后变成智识，这是一层层的升华。知识是基础，不读万卷书，即便能行万里路，也不过是个邮差。

读了万卷书，即使缺乏生活经验，说话总跟名人名言似的，那也没关系，至少奠定了知识系统，才能顺利地表达出来。

职业发展有很多阶段，在刚开始的阶段，23 岁到 28 岁期间，是水涨船高的阶段，在这个过程中，最为重要的是专业化能力;

在 28 岁到 32 岁这五年里，是从被管理开始变成管理的阶段，要开始领悟学高为师，身正为范;

再往后走到 32 岁到 37 岁之间，要考虑的是，是否能更好地独当一面，以及拿捏进退;

第一个五年做专业，第二个五年做管理，第三个五年做经营。

肤浅的人，把自己所有的理想都写在脸上，真正能实现的人，是把壮志刻在心里。

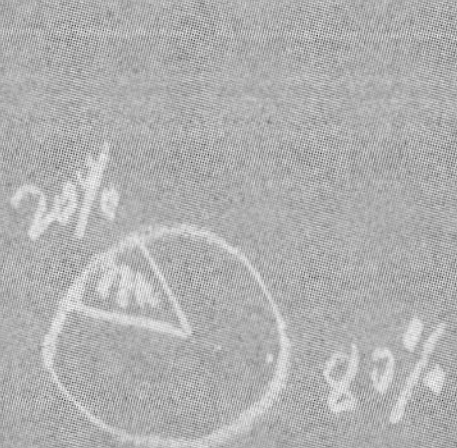

$E=MC^2$

多一个人和你分享
少一点难自己肩扛

申晨：

胖子都是被塞出来的

申晨真的很能吃。

原谅我，申晨夫妇、家人，以及申晨老师的粉丝们。

因为过往中的记忆，一幕一幕，刻骨铭心，难以忘怀。在我们《职来职往》，达人、主持、编导之间，为什么感情那么好，因为我们每次录完一个周期（有时连录三天，有时连录四天），当晚，大家一定要聚着大吃一顿，烤串或火锅，哪怕第二天不是周末，都得聚。录了那么多天了，一起放松放松，扯扯闲篇，聊聊八卦，加深感情。

夜宵嘛，还不就是吃一会儿、停一下、聊一会儿、再吃点，但是我们敬爱的申晨老师“筷耕不辍”，自始至终都保持着对羊肉、板筋和毛肚忠贞不渝的热忱。谁聊开心了，动作一大一不小心，只能冲服务员喊一声“劳驾再拿双筷子”，但是这种事情在申晨老师身上从来不会发生，他特别仔细，那双筷子从头至尾都被他的右手死死捏住，绝不脱手。申晨老师总说，做什么事情，投入是最重要的成功因素。在吃这个事儿上，我看到了。

罗马不是一天建成的，正如申晨的皮下脂肪也不是一餐铸就的。

我认识他才一年多，有关他食量的故事不胜枚举：饿了一天的我约刚吃过饭的他在一家餐厅谈事，结果点的美食80%进了他的胃里；我妈妈蒸了些包子带来现场，每人客气地吃一个尝尝，他吃了仨，临走还带一个；聚餐只要有他在，大家都有机会多聊两三小时，因为他没停筷子，我们不好走……

可是，申晨绝对是个灵活的胖子，一个多才多艺的胖子，一个妙笔生花的胖子，一个脱离了低级趣味的胖子。

因为他身上十八般武艺，样样精通，多到让我汗颜、令我羡慕。

这些，也都是他自己塞进去的。

闷头发狠的人有出息

《职来职往》里，每次我说到“4号新浪微博申晨”之后，大家耳畔就会立即出现铜铃般清脆悦耳的声音，他总能逻辑清晰地对求职者送上到位的点评。所以，谁都不会想到，从小学到高中，申晨一直都是一个特别腼腆，一说话就脸红，见着喘气儿的就会不好意思的那种男生。

改变这一点，他说要感谢他们家老爷子。很多北京孩子都不愿意到外地上大学，可当初他爸就坚持，一定要他到外地念书，去锻炼锻炼，说去哪儿都行，必须离开家，不能在北京，他填的所有志愿连河北都不挨着。我问申晨，你当时是怎么报的志愿？申晨说他报了苏州大学、山东大学和四川大学，是按照淮扬菜、鲁菜、川菜报的。于是，第一志愿被录取，他便开始了与淮扬菜的缘分。

外地的大学生活，对他性格的塑造是一个至关重要的因素。离开京城，离开家人的照顾，申晨甚至觉得自己完全没有依赖了，一切全靠自己，见着陌生环境里的每一个人，再脸红都得硬着头皮跟人家交流。

他初中、高中都没当过班官，从来都是基层群众，他一度觉得班干部离他的生命应该特别遥远，他也不好意思管别人啊。你说有同学上课睡觉，以他那性格能怎样？走过去，轻轻摸一下同学的肩膀，红着脸，低垂下脸庞，默默不语，这是准备送人家最后一程吗？肯定不行吧。

上了大学，他们班辅导员特与众不同，一看他的档案，是北京来的同学，政治觉悟应该会高一点，见识也应该广一点，那就“请你担任我们班的副班长吧”。

晴天一道霹雳、坐地一声惊雷，平生第一次被委以重任。申晨说，当时他的喜悦和震惊，若干年后，都还没法用文字很贴切地描述，总之特别特别开心，从那开始，自信心一下就上来了。

其实那个辅导员当时也没“乱点仕途谱”。以申晨的具体情况、知识积累来说，在班里他还真的挺优秀的。就说文学底子吧，他初中、高中的时候不是特别腼腆嘛，平时又很少出去疯玩儿，就特别爱待在家里看书，中学六年他看了多少书呢？他们家有六个大柜子，里面全是书，全是申晨自己的书，全是申晨看过的书。

阅读这种事儿，显性作用往往在孩子身上是有潜伏期的。书看得多的学生，在初中、高中显不出来，到了大学优势一下就显现出来了。虽没当过官，但书里那么多的道理、智慧，不会还给印刷厂。

他就强迫自己看问题要上到一个高度，学着去跟同学沟通，琢磨着怎么去管理，这班干部当着当着，一下把另外一个自己给逼出来了。

现在的他做的是人力资源的工作，他去一些大学宣讲的时候，很多同学会问他，在大学的时候有没有做过职业生涯规划之类的。他说其实那时真没有，也不懂啊，大一到大三基本觉得自己还是个学生，暑假一过进了大四，突然傻眼，还有几个月就要参加工作了，才开始寻思自己该干什么。

既然年轻不懂自己要什么，那大一到大三，就应该广撒网，谁在十八九岁的时候都不确定自己适合什么职业。与其在一棵树上吊死，不如多找几棵树吊着试试，广撒网，慢培养。培养，是要培养自己的兴趣，人没有兴趣是件很可怕的事情，就是说什么都打动不了你，那你也休想靠着什么去打动别人。

胖申晨到底不是功夫熊猫，没有去练功夫，他年轻的时候不穿唐装。他特灵活，打网球、踢足球，也继续着阅读的爱好，可他最能保证每天花点时间在上面的，是写文章。当时他的理想是进报社做编辑，老了可以写书。到现在他都是这样想，但是他从毕业以来，都没机会做任何一份跟编辑相关的工作。

他心里有这个梦，一直都没灭，他就曲线救国。怎么曲线？我们都知道，正规的企业都会有企业内部刊物，打造企业文化嘛，他工作过的每一家企业，他都主动要求去帮企业做这些个内部杂志，真的是每一家都做。

在苏州大学，他主编的叫《东吴档案》；

在富士康，他主编的叫《鸿准》；

在中国电信，他主编的叫《信元》；

在中国移动，他主编的叫《卓望》；

在新浪微博，他主编的叫《微》。

外面大多数人都知道申晨在新浪微博是人力资源经理，可没几个人知道，原来他还是《微》杂志的主编，这个第二身份只有他们内部和出版圈里的人知道。

申晨大学时的爱好很多，多到我在想，他那时是不是把自己当 007 培养了，说广撒网，但他的网撒得真广。他弹吉他，弹到去酒吧驻唱；打 CS，战队打到全国联赛 16 强；打网球，打到苏州市前十。他就是觉得，要玩儿就玩儿出点名堂，不然的话就不玩儿。

他说自己对吃也特别投入，好嘛，又说回吃了。现在有很多饭馆都让他帮着写点评，他就到处吃，回来就写。前几天他看到一个微博，列出了北京 50 个最应该去的餐厅，他发现自己竟然都吃遍了。

他对玩儿就是这样，专注、投入。对工作也是这样，工作的时候不想玩儿的事，玩儿的时候不想工作的事。

就这样广撒网，最后再慢慢地收网，收上来的时候，就可以很清晰地考虑规划了。

在故宫里学复印

大四的时候，申晨开始考虑以后要做什么，他就做了一件后来让自己觉得很靠谱的事。

有一天下午，他学着一本书上的样子，拿一张纸，左边写上自己的优势，右边写上自己的劣势，开始分析他适合做什么。他觉得自己人缘挺好，学的专业又是人力资源，又看过那么多书，文笔也不错，自己家里也不要求他短时间内要有经济上的回报，就先明确了人力资源的方向。

人力资源方向明确了，然后分析行业。他觉得有发展的，有生物制药、创意产业、文化产业、互联网、平面媒体文字编辑，这五类确定是毕业后的主攻方向，最后再确定在某个行业里自己最想去的顶尖企业，于是就靠着这张纸，他确定了要去互联网、创意产业做人力资源，或者去平面媒体做文字编辑。

他的第一份实习工作，是新加坡的一家大企业，做 HR 实习生，大四上半年做了半年，学到了很多跟 HR 相关的知识。

第二份实习工作完全跳出了 HR，在故宫里实习了六个月。这是怎么回事？看多了穿越剧想哪天穿越回去冒充四爷？当然不是，因为当时他觉得，自己以后很可能做文化产业，所以要多接触跟传统文化相关的行业。

在故宫里的六个月，工作就是每天看奏折。哇！好高级的工作，跟皇上一样。这高级工作实际上就是前期会有人把奏折上的繁体字，从资料照片上扒下来，再翻译成简体字，做成 word 文档，申晨的工作就是要对照简体字和繁体字，校对看有没有差错，他做的都是清宫的瓷器档。

那时候故宫全年才招 12 个应届毕业生，申晨念的大学是所有实习生里名气最小的，别人基本都是清华、北大的，但他通过了实习考核，拿到了 12 个正式名额中的一个。为什么 12 个名额他可以拿到一个？因为他当时做得很认真，他之前的文学积累、古文字的修养也派上了用场，他曾经还学过一些蒙文、藏文，因为工作有可能会接触到，而且他又很喜欢研究古董、看些古书之类的，所以就比很多应届毕业生有优势。只是后来还是觉得这个工作实在太过一板一眼，他才在最后关头咬牙决定不去了。

他看书也有自己的“怪”方法，大学时大家有大量的时间嘛，当时他就和身边几个特别好的朋友，在图书馆里找其他人没看过的书，大家分头看、交换看，看完后就某一个历史事件的观点开始辩论，吵得不可开交，这是他们觉得特别好玩的一件事。这样每个人看一本书，但是可以获得好几个观点，既丰富了知识，又锻炼了口才，吵过之后，书里的内容也就记得特别牢了。

他说当时他们愿意花非常多的时间去做这件事情，习惯性地阅读，加上不停地辩论。当时的状态真好，感觉自己完全是在个人进步的道路上走着。如果自己的周围都是特别爱玩儿的人，也就不可能看那么多书了，可能就把那些时间浪费在网吧、游戏厅里了。

有时候，大家觉得大学学的专业知识，在刚开始工作的时候，有些不匹配，但是大学会给学生四年时间，教会年轻人学习的方法，让人有一个学习的惯性。申晨感觉，自己在毕业后的再学习，完全是靠大学那四年的惯性在走，如果没有那四年的话，他可能就没有继续去学习的惯性，包括后来去考 MBA，也是惯性使然。

申晨还讲了年轻人步入社会应该注意的两件小事。

第一，不要说“我不会”。

有些同学实习时，心里最喜欢给自己一个借口，“我是实习生”，申晨在公司最怕听到的一句话就是，“我是实习生，我刚来的”，他绝对不允许自己部门的实习生说这句话。有一次，他们要引入 Excel 里面的一个函数“VLOOKUP”，这个函数是从另外的表格里，调数据到这个表格里面，就听到一个实习生说，“我是个实习生，这个我不会，你帮我做一下吧”，这给他的感觉特别不好。第二天开会的时候，他就跟大家说，我不希望在我们的团队里再听到“我是实习生，我不会”、“我是实习生，我不懂”、“我是实习生，你帮我”这样的话。

应该怎么说？“我是实习生，这个我不太明白，你能教我一下吗？”现在互联网这么发达，网络神通广大，可以解决很多技术层面的问题。诚然，团队里还有同事，还有朋友，但你不能觉得自己是实习生，干不了，就把这事儿推给别人干，这是不负责任的。凭什么啊？大家都是从新人学过来的。

第二，要敢于问问题。

我们都曾有过同样的心态，觉得去问问题好丢脸，人家都挺忙的，问问题会不会给别人添麻烦啊？申晨就说了件自己的事，当时他觉得自己傻到可以了。

那还是在故宫实习的时候，有天领导让他赶紧去复印一份材料，共有 50 页纸，有急用。现在我们都知道，把一摞材料放在那个走纸格上，选定模式，材料会按顺序走，一会儿就印完了。那时他不知道，就一页一页放上去，按一下过一张，把这页拿下来换另一页上去，再印一张，印了大概得有半个钟头。拿回去领导就怒了，说：“我让你印 50 页纸，您老是打了 50 页字儿吗？”他说：“我得一页一页地印啊。”领导当时就气蒙圈了：“你不会用复印机，还不会问啊？”

看，类似这样的事情，按照大学的那点经验，很多事儿已经玩儿不转了，这时就必须跟前辈请教，而且别觉得不好意思，或者觉得别人会瞧不起你。谁都不是一生出来什么都会的，问一次，记住了，下次就多个本事了。所以，一定要抓紧自己刚毕业这段时间，因为这段时间，你问什么，都是可以被理解的。

上厕所助面试一臂之力

申晨的第一份正式工作是在富士康，没错，就是郭台铭的富士康。他是怎么进富士康的呢？

当时富士康在苏州算是一个非常好的企业，申晨毕业前夕赶上富士康在高校做校招，好多同学去报名，但去面试的时候，没几个同学会想，要提前查一下这个企业是干什么的，公司要的那些个职位是干什么的。那时候富士康还没接苹果的生意，还在为英特尔做芯片的配套，大部分同学也就知道是做芯片的而已。

申晨被分到下午去面试，他上铺的兄弟在上午。那哥们儿去的时候一问三不知，企业有哪些岗位、企业特点和企业规模，什么都不知道，铩羽而归。但他回来的时候拿了份富士康的宣传册，每家公司进校园招聘都会制作宣传册，介绍这公司是干吗的、公司主要业务是什么、公司历史是什么、公司需要什么样的人才、企业文化是什么等，介绍得很详细。

当时申晨记得很清楚，富士康宣传册的纸是环保纸，很软的那种，要宣传自己一种环保的形象嘛，五六张环保纸做一册。上铺的兄弟拿回来后说，兄弟我面试没过，然后把宣传册往桌上随便一扔。那时候他们寝室都比较穷，大四的时候最穷，人家是穷得揭不开锅了，他们是穷得连手纸都没钱买了，环保纸软嘛，大家都懂的，于是这么软的纸就很自然地被安置在了厕所，以备不时之需。

申晨上厕所有个特别的习惯，一定要看点什么，不然的话就不能顺畅，据说现在他们家的洗手间里也放了好多书，幸亏我没跟他借过书，想想都后怕。这绝对不是个好习惯，绝对不提倡，但那时帮了他的忙。对申晨来说，那个宣传册特别好，一物两用啊。事前，有带字儿的可看；事后，有实际用途。这让他知道了富士康是干什么的、核心理念是什么、需要什么样的人才、来学校招什么样的岗位。五六页纸他看了 20 多分钟，也不怕……

下午他去面试，过程之自如可想而知。面试官特惊讶，说他是他们学校第一个对富士康这么了解的同学，居然还知道富士康董事长的语录。因为面试官当时问了他一个问题：你觉得人在一生中跟别人最大的不同是什么？申晨说：人应该要有自己的格局，还要会自己布局。面试官说：这不是我们董事长的语录吗？废话，宣传册上最后就是董事长语录，申晨并不知道这是谁的语录，反正他看到了。别忘了，看了 20 多分钟，有印象，正好合用，就脱口而出。

面试结果就是，富士康给了他一个很高级别的职位，有些新员工可能三四年以后都到不了的职位，那职位连吃饭都在单独一个小院，菜特别好。其他同事在外边，只有他能在里边吃。好奇怪！怎么跟传染病人隔离似的？他当时也觉得奇怪，但那确实是很多待遇中的一种，是一种优待。公司可能想，这个毕业生对我们公司这么了解，说明做好了充分的准备工作，来了以后肯定能很快上手，而且这么了解公司也是对公司的认同。

这个故事告诉我们，其实每个人求职前，都应该去了解一下招聘方，了解这个公司的情况、要招聘的职位等相关信息，再根据这些信息，适当调整自己的简历和相关问题的准备，这样的话在求职时就可以事半功倍。

我咨询过很多做 HR 的朋友，他们在做校招的时候真的是这样，当有一个面试者对你公司特别了解时，面试官都会非常高兴，觉得这位同学非常尊重面试官，尊重公司，尊重所要招的职位，就特别想把他招进来。这能说明求职者对公司很用心，对自己很负责，那以后对工作也一定很负责，这种用心的态度是培养不出来的。

申晨还说到了简历。他看过的简历千奇百怪，写什么的都有，但其实很多人都不知道，任何公司都没指望招一个完人，也不可能有完人，要招的是一个适合的人。所以，简历一定要突出自己的亮点，HR 不可能一字一句地看每份简历，鼠标滑一下，5 秒钟过去了，如果这 5 秒钟之内，简历没有吸引 HR 就失败了。但很多人都把简历写得特别丰富，跟自传似的，HR 还要逐字逐句去挑，他们一天可能看上千份简历，或许更多，写那么多跟这个岗位没关系的有用吗？

如果想应聘的是编辑，那“全国作文大赛二等奖”，这就是一个很好的经历；如果想应聘网站数据分析，那“全国数学建模大赛二等奖”就是相关性比较强的。

在天津的时候，申晨见了一份简历，上边写着“连续三年获得天津市吃热狗大赛一等奖”，他的同事说：“哟，这哥们儿来跟你抢饭碗了。”抢申晨“新浪第一能吃”这个头衔？怎么可能？这奖项跟工作毫无关系，那就不要写。我们说有的简历作假，什么叫作假？把没做过的写成自己做过，这叫作假，但你把有的隐去，有的保留，只写跟某个工作职位相关的，这就不叫作假。

年轻人面试难免会紧张，但是要注意心态。面对面试官，不要觉得自己是去乞讨的，面试官是来施舍的。要想想大家的角色定位，面试者是拿能力去换报酬，面试官是看这个人对公司有没有价值，两人是平等的。把心态摆正，面试的时候就不会那么紧张了。

在《职来职往》，平等的心态同样很重要。几个达人共同关心的问题，不可能有时间让每一个达人提问，可能会由一个战友提出。像马丁、刘同、申晨等，现在他们基本上可以用眼神交流，就知道该问哪个问题了，所以年轻人对每个问题的回答不应该只为投面试官所好，应该认真思考再作答。

那些年，我们一起做的琐事

初入职场的新人，都会觉得日子过得很琐碎，其实谁都是这样，申晨也是。

他刚开始上班的时候，除了自己的本职工作，最常听到的一句话就是，“申晨你把这个弄一下”、“把那个表格做一下”、“把这个做份PPT”、“把通知发下去”，甚至还会有打个水、买个饭、订个会议室什么的。如果总想这些事琐碎，总想做这些没前途，那就只能送你一首李玖哲的歌听了:《想太多》。有段时间，申晨的工作就是那样，而且持续了两年。

整整两年时间，他一直在做这样的事：花三天时间帮领导去找一本书、再花三天时间给书一页一页拍照、每页都存成PDF文档，甚至还有一些私事，比如帮领导接孩子、帮同事遛遛狗，这些事情都发生过，那个时候他也觉得，这日子是没个指望了，但他还是坚持下去了。

今天再回头看，好多事变得很有意义，后来他发了篇微博，说很多职场新人都听人说要沉下去，但真不知道"沉下去"是什么意思，其实意思很简单，就是去做些简单的工作，简单的工作加在一起，慢慢会成为发展的分水岭，对日后工作可能最有帮助。

第一，你获取了领导和同事充分的信任。什么事儿交给你都能给办好，对你很信任，自然而然地，一些大事也会给你机会。

第二，海量积累基层经验，有可能成为你进步的阶梯。申晨是做HR的，他写过无数的通知，也曾经挨个挨个去核上千位面试者的材料，以至于他现在看简历的时候，一眼就能看出简历的疑点在哪儿，哪儿是有问题的。有了海量的简单工作积累后，进步会很快。

总觉得自己是做大事的人，一定会忽视一些细节，但细节，往往是决定工作成败的关键，一个小小的失误也可能断送职业前途。申晨讲了一个他记得最深的例子：他有一个朋友，曾经是一个集团下属公司的总经理办公室的秘书，负责安排总经理的行程，替领导接一些重要通知。有一次，要召开一个集团所有公司高层都参加的非常正式的会，他要传达总经理的意思，给大家群发邮件，第二天要去中国大饭店开会，把会议的注意事项写完了，最后一点是：切记，穿正装。

结果他把"记"写成"忌"：切忌，穿正装，就是千万别穿正装。第二天，所有分公司的人都穿着正装，只有他们公司的人穿牛仔裤、T恤、毛衣，还有人戴着奇怪的帽子。回去后，这个秘书直接去财务室领最后的工资，被请走了。因为领导觉得，这个岗位需要一个细心的人。

还有件类似的事，是申晨的助理，也是邮件通知大家开会（又是开会！这些个危险的会议），会议通知的最后，她是这样写的：请大家务必不要吃饭！其实她本来想写迟到，用的是拼音输入法，结果把“迟到”误写成“吃饭”，其实也不怪输入法，检查一下就成了，可她没检查，就发出去了。于是好多人回复：“干吗？是申晨请客吗？”还有人说：“明天要抽血吗？开会还是体检啊？”

最近他还收到一个简历：期待月薪5000万！干吗？直接当新浪CEO吗？新浪CEO月薪应该也没有5000万吧？智联招聘网站上，月薪统计是以万为单位，如果写0.5万，就是5000元，那人根本没留心，直接要了5000万，这个人应聘的是新浪微博的财务，简历直接被扫掉了。照这样，以后随便在报表里少写几个零，或多写几个零，公司还不直接垮掉？

申晨在《职来职往》里说过，如果你比别人多用点心，你就比别人离成功更近了一步。

他刚参加工作的时候，领导让他写一个会议通知，通知部门去大连开会，是周二发通知周五出发去大连，其实就是一个很简单的会议通知：周五什么时候走，车到哪儿接，会议的时间安排，等等。他发通知的时候就想，做仔细点吧，除了书面通知，还做了一个有时间列表的小卡片，把他的电话、当地对接人员的电话、当地酒店的电话、酒店的地址都写上去了，有任何问题可以随时找人联系，还附上当地一些著名风景旅游区，指导大家会后可以去哪些地方转转，给每人发了一张这个小卡片，放在钱包里，既方便又贴心。在邮件的后面还注明，周五大连天气怎么样，周六天气怎么样，周日天气怎么样。

发邮件的时候他也没有多想，就觉得这样做比较周到，但打那儿开始，所有领导都记住了他，这个心细的小胖子，把他从人力资源部直接调到了总经办，后来公司所有的主要文件，全都由他起草。

不把时间花在斤斤计较、公司八卦、明星八卦上面，不做团队里的不稳定因素，用心地对待自己每一次小小的工作任务，小胖子也有春天。

女助理加薪秘籍

在《职来职往》，有几期节目我们谈到过如何跟上级提加薪或增加福利待遇的问题，很多达人见仁见智，但有时意见一多，容易让年轻人不知所措，况且我也没经历过怎么跟领导开口说这种事，反正我们台长体贴，嘿嘿。我把这个话题丢给申晨。

申晨说，有下属主动和老板说要涨工资，他觉得这个挺好的，什么事最好都及时跟上级沟通，别等到要离职时再拿涨工资说事儿，那挺没劲的，也没什么意义了，都要走了，还不走得皆大欢喜？做人留一线，日后好相见嘛。所以，有什么想法，就大胆去说。

但是，理由很重要！为什么？凭什么给你涨工资？

你要说我刚买房，要买车，缺钱，所以给涨涨工资呗！这样的说辞，他们做 HR 的见过太多了。比如，有人谈离职补偿的时候，说能再多给我一个月工资吗？为什么呢？因为女朋友住院了。

其实员工说这种话，HR 听了心里特难受，给你吧，不符合公司规定；不给你吧，觉得特对不起你，尤其觉得对不住你女朋友，让大家都难堪。

那怎么跟领导谈涨工资这事儿呢？最好的选择，是要说出你的价值，说你的工资一年了都没涨，但这一年里你的能力涨了，你的工作更顺畅了，你的工作比以前更多了，最后，你的工作给公司带来的价值更大了，甚至你可以把你做的所有工作写一个年底总结，给领导主动作汇报，让领导清清楚楚地看到你的成长。哟！你的价值确实提升了，这样，谈工资就比较合理了。至于那些个私人原因，都别张口，浪费咬肌和舌头发力，领导要是因为你的私事，动用公司资源给你涨工资，这样的领导才有问题。

在职场中，怎么能让自己拿到高薪呢？

首先得明白，薪水是什么？薪水代表什么？但凡正规的公司、单位里，薪水代表的是个人的努力成果。有人说了，我努力几年了，我拿的钱还没谁谁谁多呢。那你真正知道，别人背后付出的所有努力吗？申晨现在的助理，薪水拿得不低，但是申晨愿意给她较高的薪水是有原因的，当然，不是因为人家是女助理。

因为她每次都能让申晨惊讶。

就说让她做一个 PPT 分析，她会主动加一个通宵的班，把这个分析做得非常漂亮。首先，她不只做申晨交代她做的事，她会先主动搞清楚这件事的前因后果，去网上找相关图片，去找合适的表格来凸显重点，虽然她拿到的是文字和数字，但她展示出来的是各种各样的图表，会上一目了然。

而且她还会去想，对不同的受众要制作不同的版本。如果这个 PPT 是给最上面的领导看的，那里边就会多一点标注，因为没机会跟领导面对面去说、去逐一地用语言解释，领导事儿多啊，没那么多时间，他也没兴趣看天书，得让领导在最短的时间内看明白这份分析，所以，标注多一点。

如果这个 PPT 是给中层的，那要把一些数字标红放大，因为会有机会跟中层领导面对面交流，去谈 PPT 的具体内容。

如果是给基层员工的，那就要注意里边的有些数字要保密，还要把所有的注释都写得很详细，确保每个基层同事，即便对这个项目的具体细节不是很清楚，都能通过一个 PPT 看懂整个项目。

所以，这位助理每次做 PPT 之前，都会问申晨，主要是做给谁看的？要做到一个什么程度？需要提供什么分析？截止日期是什么时候？就连 PPT 用什么格式，是否要设置成不能修改的，她都会问得非常清楚。努力地去做，遇到不会的，通过一切方式去搞定，上网查、问朋友、找专家。用心吧？

所以她每次都让申晨很放心，很放心地交给她所有她力所能及的事儿，这个“很放心”就值给她加工资。

大家有点明白了吧？一旦你的领导发现，把一些事交给你很放心的时候，你就值钱了。

助理掌握的知识比主管掌握得还好，助理做的体系分析比主管做得漂亮，助理自己买很多绩效管理体系、企业文化体系、统计学的书，因为可能要涉及统计学或数据建模嘛，人家自己买，自己学，还拉着金融专业的男朋友一块儿学。上级领导能觉得她不用心吗？

人的接受能力、素质，都可以培养，唯独用心，是不能培养的，这是自身注定的，也不是领导能要求出来的。

有一次，申晨在会上随口说她对数字不敏感，做绩效的 HR 要对数字非常敏感。这位助理就悄没声地去买了好几本数据分析与统计学相关的书。因为小姑娘本科学的是法律，不是专业学 HR 出身，她觉得这样还不够，又在人大读在职人力资源研究生。我估计地球上的 HR 已经不能阻止她了，别忘了，她是一个HR助理，助理！当然，现在她已经不仅仅是助理了，她是新浪微博HR的顶梁柱之一了。

我跟申晨开玩笑，你完了，有个这么能干的助理，你等着变人家的助理吧。他说，这个助理也带动了他，他现在也得拼命学。因为他自己也是学文的，刚入行时也是强迫自己学会计，但没报班，自己看书学，要做HR的话，做深了以后对数字要很敏感，以后你可能要做整个集团的薪酬分析、每月的数据指标。有的公司每个月要出上千项指标，互联网公司还有个我不懂的叫“活跃度”的词儿，就是他们有几十个产品，每个产品的活跃度如何，对于这种公司的HR，对数字的敏感度就意味着，看到这个活跃度，就要知道跟最后的大目标有什么关系，这的确是该掌握的问题。

听完这些，我当时就疯了。幸亏我没有去做HR，幸亏我没待在互联网公司，要不然我死定了。要知道，我高考那会儿艺考考生的文化课成绩，只有四门，不涵盖数学，我语、英、政、历四门功课480分，加上数学，总成绩都还没到500分。我的个天哪！

跑题了，说回到这位女助理。如果有一天，她的某个同事知道了她的工资，会不会心理不平衡？当然啦！可能别人会觉得，大家都正常上班，我做的事也不少，咱俩都挺忙，为什么你赚得比我多？但是，女助理不可能在家装一摄像头，不能让所有同事看到她背后付出的努力啊。幸好，领导能知晓你的真正用心。

当一个人真的把工作做好了，领导在你应该涨工资之前就会找你谈话了，这位助理从来没跟领导谈过工资，都是领导主动跟她说涨工资。要相信领导，你做的事他能看见。

只要你用心，涨工资就是这么简单。

跟乔布斯学赶鸭子

在新浪微博工作，申晨面临过很多次赶鸭子上架的情况，长期下来，他开始习惯于这种“突然袭击”，以至于现在出现这种情况时，他竟然会有种兴奋感。好变态！

马丁在《职来职往》里老说，成功学的书很害人，其实也不尽然，百分之零点几也有点儿用。那种书不是总提到一个固定的桥段嘛，很多成功人士，都是到了关键时刻，被迫或主动逼自己一把，就成功啦！逼出来的成功！

申晨原先英语口语特次，估计早几年前，他要是跟刘同用英语聊天，那一定是安静得特别安静，大眼瞪小眼 5 分钟后，两人相视一愣，走人。那时候要让申晨去跟老外聊会儿，他绝对脸憋得通红，然后绕道而行，他觉得自己的英语不好，老外肯定都听不明白。后来他就到新东方报了名，突击学习。他的老师特别鼓励他，一直在给他打鸡血，让他壮起胆子跟人家说英语。就像唐宁老师在我微博的职场专栏里说过的，“放心大胆地去找老外说英语吧，反正痛苦的不是你”。

后来他真的就放开去说了，不知是哪个老外这么命苦？老外一开始当然是 80% 听不懂，申晨就接着聊，见着哪个老外都聊，看来他伤害的还不止一位外国友人。但是听不懂的比率就慢慢地下降，从 80% 到 60% 再到 50%，到现在，基本上申晨跟老外一般的沟通没有问题。他说有时不逼自己一把，永远不知道自己有多大潜力。觉得自己已经不错了，可对自己再狠一点，再往前走一步，又是一片天地。一句话，要逼自己。

本来是做 HR 的，突然领导说，HR 的工作面要再宽一点，下个月起，你们接整个公司的战略发展规划，你写报告，有人给你做咨询。

接着，HR 要做整个公司的绩效考核、组织层面的绩效考核。傻了！

以前 HR 只负责个人层面的，立刻加做组织层面的。硬着头皮做，逼着自己做，结果呢？一年半后，申晨的薪水至少翻了一倍。

到现在，他一个纯粹的 HR，也可以胜任企业规划，在跟一些管理公司的顾问交流时，顾问所有的方法、理论他都非常清楚。这就是全方位的工作，要跟人家讲清楚，人家才能告诉你这个答案是否正确。这样跟顾问合作两次，顾问的精华也能学到了，这个经验就装自己肚子里了。

当领导给你一个难题，让你去做一件你没做过的事情时，你应该珍惜这个机会，这绝对是提升你个人能力的一次机会，所以，不光要习惯被赶鸭子上架，还要去争取这样的机会。在这个世界上，只有两样东西是别人抢不走的：一个是吃进肚子里的饭，一个是装进脑子里的经验。一个别人不想抢，不稀罕；一个谁都想抢，但是抢不走。

这样看来，赶鸭子上架是一种心态，也是申晨现在特别看重的一种心态，领导给机会的时候一定要顶上去。好多人都在抱怨，说我没机会，领导不给我机会，其实，领导哪是天天分发机会的人？机会一定是自己看出来的，是自己拼出来的。

有好的心态的同时，还要注意，要让人感觉你精力充沛，这样领导才会对你有信任感。如果你一天到晚看起来累得要死，风一吹你都能倒，天天溜墙根儿走，领导就什么事儿都不敢给你，领导也不愿意兼职当杀手呀。在领导面前精神头儿十足，你才有获得机会的可能。申晨最忙的时候，35 天飞了 19 张机票，不在机场，就在去机场的路上，或从机场回来的路上，一张机票等于一个往返。他大部分的睡眠时间都在出租车或飞机上，但他从不显得累得要命。

其实我几乎每个月都这样。

上面这句是以书谋私，汇报给我的领导看。

不论多忙，你不能让领导觉得你累了、你能力就这样了。申晨给自己找了一个标杆，他有个同事，比他还要忙一点，看看人家更辛苦也不显疲惫，就会尽量让自己合理安排膳食、坚持闲暇锻炼，让自己保持精力充沛。

我们常说温水煮青蛙，当自己觉得挺好的，每天过过日子，上班下班，也不学习，也不用提高自己，工作又能胜任，这时候，往往是最危险的时候。申晨写过一篇微博，“当你觉得自己很疲惫，觉得自己很无知，觉得自己怎么什么事都做不好的时候，你就要成长了；当你什么事都做得非常好，轻车熟路，把每件事都安排得井井有条的时候，证明你已经停止进步了，因为你的能力已经完全能够胜任现在所有的事了”。

这两年流行聊乔布斯，乔布斯有个“现实扭曲力场”，乍一看，特像歪理，像自我欺骗，像自我催眠。没错，催眠，为什么人的梦境总比现实生活来得丰富多彩，就是因为在梦里，人可以抛掉很多顾虑，放松前行。现实中，人往往被自己给自己设的障碍阻拦，不敢相信自己可以做到很多貌似困难的事情。我相信“现实扭曲力场”的存在，就像我在动手写下这本书的第一个字之前，我从没敢想，我可以坚持写出十几万字，集结成册，但现在，你却正在读这些文字。

看来，乔布斯不光是艺术家，是电子产品专家，还是赶鸭子上架的专家。

职场是否“金枝欲孽”

职场中的沟通，一定要明白一个底线：对事不对人。

在工作中争论一件事情的时候，一定要是因为工作，因为工作中的观点不同，对事情发展的判断不同、决策不同，绝不要掺杂个人因素在里面，否则，会让同事很痛苦，你自己更痛苦。

以前配合默契的同事为什么突然变成敌人了？

以前的朋友为什么突然不支持我了？

申晨以前在中国电信工作的时候，曾因为员工福利跟领导大吵过一次，领导认为单位的台球桌、乒乓球、桌上足球这些娱乐设施，上班时间不能玩儿，而申晨坚持认为可以。

我就问他，领导说得没错啊，我们从小不都是这么被教育的吗？他说他当时觉得，所有员工都是成年人，有权利选择自己的工作方式，谁在8小时之内都免不了因为连续工作出现疲态，与其为遵守纪律而遵守纪律，坐在位子上发呆，不如出来活动活动，完了再回去工作会更加专注、更有效率。既然公司为员工提供了优越环境，员工就有权利合理调节自己。

现在我们看这个问题，觉得他说得有道理，很多企业就是这样人性化的企业氛围。

可当时他俩为这个吵得很厉害，厉害到什么程度？我说了但你绝对不要效仿，因为他俩的行为是不理智的，是不对的。两人吵到最后，谁都不能说服谁，甚至抄起桌上的烟灰缸扔向对方，还砸坏了办公室的柜子，吵得不可开交，影响恶劣，但最后谁都没面儿，不了了之。

可有一点值得提倡，吵完、打完，下了班，晚上照样约着去喝酒吃饭，还聊这件事，注意，不是还打，是还聊。那领导挺可爱，还后怕，说你怎么那么冲动？砸到我怎么办？两人事后都觉得，这事儿闹得太过分。因为两人都不是职场菜鸟，都很清楚，是因为工作在吵。他们的私交一直特别好，现在的关系也特别好，大家都清楚，工作中有分歧，不能掺入个人因素，否则那矛盾就大了。

这种矛盾就算扔到更上层的领导那里，各位放心，一定各打五十大板，全都处理，完了再凑钱赔公物。因为，团队的和谐、团结是第一生产力，谁都甭想在领导那儿得到偏袒，是两人合伙给团队造成了不良影响，军心是你们一块儿搞散的。

很多人把职场小说、职场影视剧当做职场的生存宝典。我记得《职来职往》来过一个特可爱的姑娘，因为看了《丑女无敌》，就按着那个来应聘总经理助理，结果被问了几个实际工作案例，就被问得哑口无言。一定要区分现实存在和影视虚构，把小说里的感觉带到职场里，会伤得很重，而且是内伤。

电视剧嘛，肯定浓墨重彩渲染人与人的钩心斗角，得把职场写得很阴暗，要不没收视率啊。申晨遇到过一个实习生，两人沟通，总觉得他们之间好像隔着什么东西。申晨就想跟他单聊一次吧，约在一个咖啡厅聊了会儿，放松状态下才知道，那位实习生其实就是把人和人之间的关系想得太复杂，甚至别人问自己一句话，都得想，这句话是有几个意思啊？一起喝个咖啡吧，都会想是不是要开了我？没错，电视剧里一般喝咖啡就是要开你了。

其实职场没那么险恶，不是穿越剧，步步惊心，没必要自己筑起一道围墙处处提防。职场是一个透明的地方，你怎么对它，它就怎么对你。你做人很真诚，最后职场也会给你一个很真诚的回报。

过于美化的职场电视剧，又是另一个误区。主角只要经历了很多磨难以后，最终都能成功，拿到惊人的业绩，一览众山小。其实现实生活中，那些惊人的业绩，都往往是团队作战实现的。

我在节目上，最怕听到年轻人说："我一定要赢！我不能输！"然后就走上弯路。给自己一个过分的目标，生活就会变得过分痛苦，因为够不着那个目标。合理的目标，是你跳起来能够到的，你给自己定一个10层楼的目标，你是姚明或是乔丹都够不着，就会很痛苦，继而对自己失望。

职场中的人际关系，真正要学的，是学会辨别不同的人。

一个人当面指出你的错误，这人一定是你的朋友，我们叫诤友。

看见你有问题绝对不会说，当面和气，在后面嘟囔，这才可怕。在领导面前说你不靠谱，是背后捅刀子的。职场上一定要分得清，哪些人是真诚的，哪些人是虚伪的。

明枪易躲，暗箭难防，背后被捅了刀子怎么办?

原则性的中伤，一定要冷静面对，没有证据的吵闹叫乱咬人，有理有据的才叫洗脱沉冤。但并不是有了委屈就一定要满城风雨。

申晨说他也中过暗箭，难防的暗箭，因为公司的利益，他和一个同事发生争执，他坚持了原则。后来，那位同事总是挑剔他做的每一件事，还在背后投诉他。但最后，领导出于对方的背景和对公司业绩的影响，还是请申晨离开了。

当时他也想过去闹、去投诉、去仲裁，后来想想还是算了，那段时间他情绪确实挺低落的，有天跟朋友喝酒，突然意识到自己天天郁闷，岂不让小人更加开心? 要在乎自己在行业内的口碑，不奢望这件事多少人能说自己好，但能少一个敌人就别多一个冤家，时间一久，清者自清。

有时候我们经常听人说，当你没有竞争对手的时候，你会退步，不知道该干什么，没有竞争对象，反而不会有鞭策自己的动力。有个强有力的竞争对手，人家做得比自己好，一定要靠正当的努力超过他，否则赢了也不光彩,这才是一个好心态，这样最终得到进步的也是自己。

职场不是金枝欲孽，不是宫心计。

职场是奋斗，是我的青春我做主。

刘同：

坏孩子也有自己的天空

认识刘同是 10 年前，我是湖南娱乐频道的主持人，他是那个频道娱乐新闻节目的实习编导，没怎么打交道，因为互相看不惯。

10 年后，再见到刘同，我是《职来职往》的主持人，他是光线传媒电视资讯事业部副总裁，他喜欢考我，我喜欢糗他，我们成了兄弟。

去年，他出版了他的第一本有关职场的书《这么说你就被灭了》，让我帮他写个推荐，我记得我是这样写的：10 年前的刘同，恃才自恋、桀骜不驯，10 年后的刘同，温良恭俭、性情才俊。如果你想见识他现在的优秀，请看《职来职往》；如果你想知道他曾经的可恶，请看这本书。

我自认为这段推荐写得比较诚恳，没有为了效果而夸大其词、虚张声势，因为早些年的那个刘同真的不怎么样。

刘同是 1981 年的，出生在湖南郴州的桂阳县，那个县城不大，但人口不少，将近 100 万。此地烤烟、矿石物产丰富，也出过不少名人，发明造纸术的蔡伦出生在那里，中国台湾的亲民党主席宋楚瑜也出生在那里。

刘同的家庭是个普通小康家庭，爸爸在医学院工作，还是单位的二把手。可在很多年里，刘同没给他老爸脸上争过一点光，他学习成绩差，又调皮。整个大院年纪相仿的孩子有几十个，刘同每次考试都毫无悬念地占据成绩最差的位置，以至于有段时间他老爸都懒得答理儿子。刘同鞋子的边上开裂了，爸妈都没说给他买双新的，因为刘同自己都无所谓，反正给他双新鞋子，他也是到处乱踢，好像踢到开裂他才心满意足。

这个老师不疼、爸妈不爱的男孩，却格外受到老天的眷顾。

好成绩是可以偷来的

我特别爱听刘同跟我们讲他小时候的事儿，那是些无法无天的故事。似乎我可以看到烈日下的树叶被烤得焦黄，没精打采地遮蔽着那个坏孩子的操场。

逃课、不及格、挨打，对幼年的刘同来说不是新闻，他和他周围的人好像都习惯了这些，理想、压力这种词儿对他来说，才是外星产物。坏孩子的故事，在 20 世纪 80 年代末、90 年代初的中国大同小异，没什么好说的。我想从他感受到压力的那个破天荒的新闻事件说起。

上了高中，他依然是烂泥扶不上墙的样子，但是他日渐长大的身体，已经感到城市的狭小。有一天，他突然觉得，如果他考不上大学，又怕苦不外出打工，就一定没办法离开这个小城市，一辈子都要待在这儿，外面的大世界永远只能从电视上看看。所以，他只能变好，只能回到正途，他突然感到了一种压力。

750 分的高考总分，他只能考 300 分，这点分数连大专都考不上。那时已经高二结束了，就只有一年了，刘同开始逼着自己从高一的课程开始，玩儿命地复习补课，但分数就是不领情，怎么都不肯给面子地大幅攀升。

一次月考，上午考完数学后，他看到试卷上写的是联考试卷，他就想，一定有别的学校已经考完这套试卷了，想到初中的死党们，他要去抄。考完数学，骑单车飞驰到另一个学校，那个学校的语文真的考完了。抄完所有答案，顾不上吃午饭再骑回自己学校，刚好发语文试卷，出的题真的一样，前面的答案都有了，就原单照抄，还鬼精地故意错几道。

到了作文，没有标准答案，题目是《写给爸爸的一封信》，搁以前，他就按套路地写爸爸养育自己多少年不容易，但当时他觉得前面应该有七八十分了，作文就随便写也没关系。于是，就特别真实地写了封信：

爸，每次你加夜班回家，看见我躺在沙发上，电视已经没有节目了，你就觉得我特别不爱学习，我从来没有跟你反驳过。

因为你是医生，你每天晚上很晚才回家，我每次写完作业之后，就想看电视等你回来，等着等着，我就睡着了。当我醒过来之后，发现你还没有回来，我想上床睡，但我真的很想跟你聊会儿天，我看着看着，又睡着了。

其实，你每次都觉得我没有读书，你觉得我很爱看电视，你只有这一份失望。可是对我而言，为了等到一个不待见我的爸爸，每个夜晚，我都会失望地醒来好几次……

要命的是，第二天发试卷，第一名是刘同，138分！

他当时傻了，全班都疯了，他的作文只扣了1分！成了全校的高三范文。瞬间女生对他特崇拜，男生看他很高级。

有些同学语文很烂，老师对他们说，你们去向刘同请教经验，他像是迎头赶上的英雄似的。他突然认识了“信心”这个好朋友，拿着试卷，一个题一个题地帮人家分析？！

第二次考语文，他还是第一名，128分！为什么？

因为经过那一次，他似乎被开了窍，那些以前突击背了又马上忘掉的知识，自己像长了腿一样跑来找他。慢慢地，模拟考试总分变成400分、450分，最后490多分。终于够格交钱去上他爸爸希望的那所医科大学了，可他不想读医，就疯了似的给所有亲戚朋友打电话。

终于问到湖南师范大学，刚刚到师大交钱走读的提档线。通常这种情况下，是没什么可能入学的，但他就是这么撞大运，居然被招收，而且还是中文系！他可能是历届湖南师大中文系高考成绩最烂的一个了吧，我经常这样跟他说。

但不管怎样，这个坏小子能去大城市了，能到长沙上大学了。带着的行李中，有一件，叫做偷来的信心！

用偷来的信心改变现实

他的信心毕竟是偷来的，偷来的东西，用着都不会太心安理得。况且，新的慌张也跟着一块儿报到了。

师范大学中文系的男生，以为毕业之后基本上就两条出路：在大学当干部入党，毕业后进宣传部；或者留校，然后就是当老师。

这两条路都很难，都会挤破头。刘同觉得，毕业后家里没关系给他找工作，那时候又没有《职来职往》，当时我还在大三待着呢。他想得拼命试试，试什么？当干部！

大二的时候竞选班长，谁都不讲话。半天之后，他突然站起来说：我想竞争，请大家支持。一讲完，大家都沉默了，没一个人说好，也没一个人说不好。他接着说，我竞选班长，谁竞选副班长、学习委员、体育委员什么的，大家就一起团队竞选。这怎么弄得跟美国选总统似的，还搭个班子。但还是有些看热闹不怕事儿大的哥们儿，跳出来起哄说一定支持他。

别看就这么个班长的职位，其他人不说话，都闷着头算小九九。有一成绩特好的同学，晚上就请所有女生吃夜宵，让她们投他票，真的越说越像美国大选了。

第二天投票，全班50个人，30来个女生被收买，不到20个男生效忠刘同，这不输定了？要不说男生胆儿大呢，他们做假票，50个人做了70票出来，结果40票投刘同，30票投另一个人，刘同获胜。

人家不傻呀，肯定提出抗议，为什么我们班50个人有70票？不行，得重来。刘同说，投票投了很久了，大家饿了吗？饿了就先散吧，回头再说。那些男生会意了，说对不起我们饿了，不投了，东西一丢起身走了。就这样，刘同成了班长。

他说，那件事对他影响非常大，从那一刻开始，他突然明白心中的欲望一定要在最恰当的时候提出来，虽然过程不光彩，但那是他第一次有机会可以证明自己不比别人差。

我跟他说，我倒没觉得这是多么不光彩的事儿。那哥们儿请客吃饭算什么，这不是贿票吗？搁美国直接取消资格，你就直接当选了。都是犯规，他犯规在先，你犯规在后，就算在足球场上，也是给你张黄牌，但他情节恶劣，直接罚红牌了。

一句“对不起我们饿了”，四两拨千斤，把危机化于无形，用的是巧劲儿。

在人生的长河中，从我们出生到死亡，很多很多年的过程中，这只是一个很小的节点，它像是一个游戏，谈不到人性的泯灭，也谈不上道德的沦丧，最多是次原则的颠覆，姑且把它当做一个游戏，游戏精不精彩，这要看玩游戏的人有没有脑子。

当上了干部，第二步是要入党。

毕业之前不能挂科，挂科就不能入党，就不能评学生干部，就不能进入很好的单位。但是刘同挂科了，就那一次，因为他真的没有上过那一科，是唐宋文学。那时候大四，他每天都在外面实习，考完之后就知道完了，一定会挂。

一考完，他就跟着那科的老师，看着老师回家。到了晚上，他就提了俩西瓜去敲老师家的门。他跟那老师也不熟，老师把他让进去他就不知道接下来该说点什么了，只好说：老师您好，我是您几班的学生，我一直在外头实习、写文章，落了您的课，我可能要挂科了。

一提到写文章，老师突然来了兴趣，师徒俩就有了话题，聊着聊着，老师觉得这小伙子挺上进的，聊一些考试之外文学的东西，他都对答如流。然后老师就说，明白了，这次你可以不挂科，但你要保证下学期开始认真学这门课，不懂的要找老师补，西瓜你带走。

出门的那一刻，刘同才反应过来，自己刚才两小时究竟做了些什么。在两小时之前，认为完全被堵死的自己规划的路，又被意外打通了？后来，他们班所有同学那一科全部及格，因为那个老师想，我既然让你及格了，我就要公平，就要让你们班所有人及格。于是，偷来的班长，那一次拯救了整个班。

垂死挣扎后或许是活路一条

刘同说在他身上，发生过很多特别奇怪的事，但他总能主动地找到一个突破口，转危为安。后进变先进，上大学是，当班长是，不挂科也是。

比如，他小时候一度痴迷打电玩，爸妈就把他反锁在家里。他很想出去，不可能跳楼，但又没有铁门钥匙。他就把家里所有的钥匙找出来，有几十把，但都不是铁门的钥匙。他把它们全部排在一起，从第一把开始试，看到这儿，所有人就觉得那不可能对不对？但是奇迹就这么发生了，当他试到 40 多把的时候，有个钥匙刚插进去一半，铁门打开了！之后，他用那一把完全不是铁门的钥匙，自由进出家里半年多，爸妈都不知道。这真的是我听过的一个特别离奇的事儿，幸亏是自己家门，这要是邻居家的，估计要吃牢饭了吧。

到今天为止，刘同觉得这个烙印始终抹不掉，不是自鸣得意，也不是羞于面对，就是一个记忆的烙印，当然，是一个正面的烙印。这让他变得敢于面对一些危机，然后用自己的方式去处理。事情发展到令人崩溃的时候，很多人选择的方式就是不管了，反正事儿已经弄砸了。但刘同就用他的方式再做最后一搏，就算垂死挣扎，也绝不束手待毙。

比如他的第一本书，他没参加过新概念，出道不比韩寒、郭敬明，当时他觉得自己很差，但是又有个奇怪的念头，觉得念中文系，应该出一本书。这是什么逻辑？念建筑的都该自己盖个大楼？念动力学的都该造颗导弹？可这就是他的怪逻辑。

他花了一年写了一本厚厚的东西，投了不下 30 家出版社，还在天涯那些论坛发了好多帖，“大四学生热爱文学，文笔幽默，想寻找出版社出书，只要你看上了愿意给我出，我不要一分钱”。然后还坐火车去武汉，一家一家找出版社，一家一家投稿，虽然有时坐了十几小时火车就等来三个字“放那吧”。但他仍然坚信这本书一定会出，结果第一本书真的就出了。

后来刘同采访某位明星，一个挺自以为是的人。因为这位明星以为自己讲的话特别的牛，别人问的问题都是垃圾，上刘同的节目时依然积习难改，聊了 40 多分钟，问他任何问题，他明明知道记者的意思，就是不好好回答，40 多分钟没有一个问题能用。刘同觉得这期节目可能播不了了，浪费了所有人的时间。

于是刘同心里就想，好吧，这期节目我不播了，但是自己要很有礼貌地跟那人摊牌，就说，如果你那么不想回答我们问题，坦白讲这期节目我们不播了，我们已经决定了。坦白讲，又是“坦白讲”，这是他最爱用的三个字。从那一刻开始，刘同就想反正大家都不要面子了，无所谓，反正不播你，我节目又不会死掉。

轮到这位明星慌了，他可能突然意识到“从家出来到现在浪费了我两小时，你告诉我这期节目不播了，我必须自己把这期节目救回来”。于是这位明星就开始打圆场，开始救这期节目，后面讲的很多东西就正常了，没再耍他的大牌。我真后悔怎么没早点听刘同讲这段，因为那位仁兄上我的节目时，我也几乎被他逼疯。

刘同说，早讲也没用。他说得对，我一直对每个人都比较和善，天秤座嘛，不会轻易跟人撕破脸。那种垂死挣扎的方式，是我学不来的。就好比人坐的热气球即将坠毁前，要把食物丢掉，坚持飞一段，把水也丢掉，再飞一段，衣服、器材也全扔掉，最后人赤身裸体，才有可能保命。

好多人对待一件事，这件事基本上已经无望后，就会束手待毙，其实事情的失败只因意识上已经放弃。不就是扔东西嘛，人最难扔的是什么？面子。反正都这样了，先把面子扔掉再说，人的面子都扔了，还有什么后果更可怕？

千杯不醉俘获电视湘军

到大三的时候，刘同已经渐渐放弃了刚入学时的幼稚想法，他慢慢明白，师大中文系跟进宣传部、走仕途没有一分钱的必然联系。在省会城市生活，眼界逐渐开阔，他对媒体产生了浓厚的兴趣。

寒假回家，他去郴州的电台实习，正好所有正式员工都要放假，电台主持人都想早点休息，刘同这些实习生们就有机会上手，帮忙剪辑、帮忙主持连线节目。那时候他的普通话不好，恰好电台有方言节目，还透着亲切。连线那头都是些细琐的事情，比方说谁家有套房子要出租了，600 元一个月，他就用方言帮着传达信息。

偶尔也有不靠谱的电话打进来，比如说有一辆套牌车要转卖，售价多少，刘同就傻不棱登地在节目里说：是这样的，有一位姓杨的先生，他有一辆套牌车要转手，谁要套牌车可以跟他联系。后来他才知道，套牌车是违法的。

情人节的时候，人家打电话来点歌，刘同接电话：你好，请问你要点什么歌给你男朋友？那女的来了一句：我要点一首，《为什么你背着我爱别人》！他一听，傻了，啊？就赶紧把热线切掉，还在那儿装：喂，喂喂，这位听众的电话断了，可能是信号不好，我们来接听下一个。

虽然这段实习期很短，但媒体都有共通性，多多少少还是积累了些经验。

那时候，湖南电视台总编室有一本内刊叫《新电视》，是内部交流用的，要招实习生，就去湖南师大中文系。一看刘同的简历，在电台实习过，做了那么多节目，就选中了他，安排他做主编助理。

他要做的工作，是跟各个台的节目主持人打电话，约专访，只负责约稿就好。有次碰到一个不靠谱的编导，说周一一定给稿子。到了周一，刘同打电话过去，对方说：对不起，我们没空写这个，要不这样吧，你是我师弟，你就来跟我们混几天，看看我们是怎么工作的，你帮我写写，哥包你的饭。

刘同一想，这事儿好啊，能蹭着看节目，还能管饭，那就去吧。之后他就穿梭于《快乐大本营》、《音乐不断》、《玫瑰之约》这些节目组，看他们吵架，看他们审片，看他们改稿，看他们的工作方式，同时他也认识了好多人。

到大四了，他都没想过自己能进台里，电视台真的挺难进。那一年台里也没在湖南师大做校招，于是他就去蹭面试，第一站是湖南大学。

当时是国内最大的一家家电巨头招聘。面试官穿西服打领带，面对一千多人问，大家有什么问题？刘同看看周围，觉得自己基本上没戏，干脆豁出去搏一把吧，就举手了：“你好，面试官，我来自湖南师范大学中文系，你有听过吗？它是全国最好的中文系之一，我们的毕业生也非常不错，请问我能来竞争这个岗位吗？”屋里的人笑翻了，估计我要是在现场也忍不住。

面试官觉得这人还蛮有意思的，就问：“你是？”

“老师，我叫刘同，那个黑色的简历是我的。”

黑色的简历？你听说过吗？我很少见到。那时所有人的简历都是用透明壳包着，封面颜色大多很醒目。刘同是把简历做好之后，用两张黑色硬壳纸做封面，用钉子打了好多洞，用麻绳穿起来，用银色的笔写封面上的名称，右边再用荧光小纸片分门别类，跟酒店的宾客须知一样。

成箱的简历摆在那儿，一堆简历里只有他那本是黑色的。

面试官说：哦，就是你啊，你可以通过初试。后来也许是黑色简历带来的幸运，最终他获得了一个营销管理的岗位。他那时还没那么清楚未来的理想是什么，对他而言，也许大四毕业，凭自己的努力找到一份养活自己的工作就是胜利。

只是没有想到，正当他做好准备去广东工作的时候，通过实习的老师，他得知湖南娱乐频道年后有一次招聘，老师建议他去试试。只要通过他们的考试，就可以进娱乐电视台娱乐频道工作了。进电视台，多牛的一件事儿，听到这个消息后他从内心开始激动，刘同突然觉得，原来自己的梦想并不是广东，而是媒体。只是以前看不到机会，这一次自己终于有机会了。

湖南娱乐频道是我开始电视生涯的地方，是我工作了 10 年的单位。1999 年开播，当时是湖南最年轻、最潮的频道，好多年轻人特别疯迷。开播的第一套电视剧，是《将爱情进行到底》，你就知道这个频道是什么性格的了。主持人有安琥、左小青、谢珊，还有后去的我。有最潮的音乐节目、娱乐新闻、体育新闻、交友节目，当然刚开始头两年的名字没那么潮，叫湖南文体频道。

刘同特别想进湖南娱乐频道，当时他觉得自己要是能进娱乐频道，人生就圆满了。听他这样一说，我真幸福，我圆满了 10 年。

年后面试来了，刘同好好地捯饬了一番。进到面试的会议室，好多貌似领导、制作人的坐那儿，还有广告部的人。问了一些问题之后，他们觉得刘同还行，但没有一个人的眼神里出现特别兴奋的表情。突然有个人问，你能喝酒吗？刘同下意识地感到那是一个好机会，说我能。

能喝多少？

52 度的能喝一斤半！

我的天哪！给我喝一辈子我都喝不完！

所有人眼睛开始放光，尤其是问的那个人，后来才知道那是广告部的领导。不过，这个问题的回答方式，以及回答速度之快，让节目部门的领导也对他突然有了兴趣，可能是觉得这个男孩儿挺有趣，做娱乐节目应该可以。

你喝酒醉过吗?

只醉过一次，坐在 KTV 的地上给我妈打电话，说我很爱你妈妈。

他讲这些时，就开始泛点泪光，很浅。面试官们觉得这男孩挺有意思的，有资格进入笔试，笔试对刘同几乎不算考试，毕竟他也是刚出过书的人嘛。

那次面试规模相当大，我还有印象。那时我刚进娱乐频道一两年，那天午饭后我们一帮人在歇懒儿，太阳照在我们走廊的大玻璃窗上，特舒服。歇懒儿区在二楼，一楼是湖南广电大厦巨大的中厅，那几百人就在厅里排队等候，我们的视线越过二楼的栏杆可以看到他们。就因为歇懒儿时间有点长，有个领导看见还走过来训我们，没工作了是不是? 下面那帮人随时可以顶替你们。

经过面试、笔试之后，刘同，第一名，三四百人中的第一名。

扫大街也要扫出尊严

进入娱乐频道，成为电视人，刘同感觉异常幸福。他立下雄心壮志，要一步一步朝着这个行业的顶峰，无限度地接近。

做记者，做出镜记者，每天出镜，还做专题。他说那时候自己跟神经病一样，每天想各种各样的花招，琢磨怎么娱乐大众。晚上下班之后，他还去特别高级的网吧，看台湾地区的节目，抄各种各样的段子。

他周围的那些亲戚，县城里的村里的，觉得他每天上电视好红啊，肯定一年得赚 100 多万吧？其实那时他的工资是一个月 900 多元钱，一年 12000。有一年过春节他没敢回家，就躲在长沙，因为所有人都等他回去给红包，可他兜里只剩 100 多元，还欠同事 1000 多。

电视的激情很快抵不住荷包的羞涩，他想，该怎么才能让自己的工资提高？想到个办法，考研。干了一年梦想中的电视，他就辞职了，去考研，去考中传和北电的导演系。

短短三个月的时间复习，最终英文差了一分，他就带着他的书上北京，看是不是能让人家给他特招。这样的冒失肯定没有什么好结果，所以很快地，他连生活都没法维持了。为了生存，他只能在准备调剂的同时，去找工作。

他又重新准备了简历，走进光线传媒应聘。面试他的是现在光线的副总裁，一看简历，问了他几个关于湖南台的问题。

一年的湖南电视经历，刘同是满负荷地运转和积累。第一届《超级女声》的宣传报道是他做的，一档娱乐新闻做这个题材的就他一个人，每天做三条新闻，从头到尾的策划、采编都是他，还要天天跟每个台的总编室、兄弟节目部门沟通。所以面试官问的所有环节的问题，他都了解，面试官都怀疑他是不是台长的儿子，怎么什么都知道？

面试顺利通过，人家说第二天就能上班，不过工资给不了多高。刘同想，北京的生活成本是长沙的两三倍，给不了多高，有 2000 元就行，1800 元也行，实在不行就 1500 元吧，反正花 600 元钱租地下室，还有钱可以活。

谜底揭晓，人说先给开 6000 元底薪，以后随着业绩再给涨。我问他当时是不是有种暴发户的感觉，他说当时第一感觉就是，6000 除以 30，每天 200，如果当天下午入职的话，他就可以赚 200 元钱，就问人家今天可不可以入职？这是什么人哪？没想到面试官说可以。

打车来回 20 元，晚饭加打印简历 40 元，当天入职赚了 140 元，“刘姥姥进了大光线”。

到光线后，他的第一份工作是写笑话，当时有个娱乐节目，要编导找各种各样的笑话写成脱口秀，刘同就干这个。他上午写好了，中午吃饭的时候念给人听，别人要是笑了他就能安心吃饭，下午就能给主持人录。别人要是没笑，他就不吃饭，赶紧再用午饭时间写。写了半年，每天写笑话。

播出来之后，公司的领导都觉得这个写得太牛了，他就自然而然地以为自己的春天到了。可点儿背的是，半年后那节目因为经营的原因被撤掉了，公司把他的收入降了一个等级。这种事儿在电视台和电视制作公司很正常，即便你有才华有能力，但是每个人的收入是跟节目的命运有关联的，但刘同那时候年轻气盛，理解不了这个道理。他只在乎自己的自尊心受挫了，我这么用心，业务这么受到肯定，公司为什么这样不重视我？

刚好那时候有个同类型的娱乐节目在挖人，缺个主编，他一气之下就去了，去了第一天开会，那个公司的大老板和所有的中高层都在，要听新主编汇报新改版思路。

听完刘同的汇报，那个老板对总监说：“如果你要骗公司钱的话，你就直接告诉我缺钱，不要随便在街上找一个，你哪怕找个扫大街的也行，你找一个什么都不是的玩意儿，做我的一个卫视节目，你们想联合骗公司的钱吗？”

刘同说他当时特想拍桌子，但忍住了，为了生活忍下来了。会议结束后回家大哭了一场，哭完他跟自己说在这个岗位上再也不哭了，他要新老板早晚认识到他的价值。他想我一定要在这个核心的位置，待满一年，我要了解所有的状况，一定要让自己做满一年。

证明之旅开始了，他每天早上 10 点起床，11 点到公司审片，审完片把带子发到电视台，下午 1 点接着批自己的选题，3 点半跟编导开会讨论第二天的选题怎么做策划、怎么拍，下午 5 点开始陆续审当日回来的记者的片子，指导他们怎么写、怎么配音，晚上 8 点盯主持人录制，录完再开会总结，完事后大约到了晚上 11 点，他又开始审稿。团队的人陆续下班，他要一条一条等着审所有记者的粗编。忙到晚上三四点，交代给当日轮班的责编，然后再看看一天的新闻，琢磨明天的题材和角度，全部弄完之后凌晨 5 点多回家，睡四五小时再起来上班。他说他那一年常常迎着清晨的阳光下班，有时走着走着，眼泪就掉出来了，但觉得很爽，原因是因为他觉得自己够拽。一年 365 天，天天如此，这就是为什么我现在很怕日播节目的原因，我觉得那不是一般人干的活。

这样的工作状态持续了一整年，他常常睡着了突然惊醒，梦见被老板开除了。梦里被开除了半年，有天半夜惊醒后他再没睡着，坐在床边上想了一宿，他告诉自己，不能再怕被开除，因为所有的资源在自己手上，全公司没有任何一个人比自己更懂这个节目，没有任何一个人比自己更努力，所以不用怕，公司把自己开除是公司的损失，公司没这么傻。从那以后，他才没再被吓醒过。

时间过得很快，很快他做满一年，那档节目也在那一年成为很多年轻人喜欢的娱乐资讯节目。

有一天，刘同拿着自己的三本书，全部签上了名，去老板的办公室说，老板这是我出的书，送给你。老板觉得他好有才华，之后讲了好多青年才俊之类的漂亮话，还说他和公司都很有眼光，没看错人什么的。

刘同接着话说，老板你还记得吗？我来这个公司第一天，你说我是来骗公司钱的，我用一年的时间，告诉你我不是，而且在这一年里，节目很多的麻烦你都没听过，都是我在扛，我非常辛苦、非常努力。老板说就欣赏你这样的员工，你没有让领导失望。

刘同接下来的话更拽，跟电视剧里的对白似的：对不起，我对你和你的公司其实早就失望了，也许你自己没有意识到，但是我想跟你说，任何一个北漂的人，如果不是家里或自己有困难，谁愿意出来打拼，谁愿意看人脸色行事？你一直在侮辱我和我同事的尊严，你骂我们脑袋里都是屎，你骂我们从小没有爹娘教，你有没有想过，如果是别人这么对你的儿女讲话，你会怎么想？所以我想告诉你，这家公司一定走不长，谢谢你这一年给我的机会，我祝你未来越来越好。说完，他走了。

在职场的书籍中，这种行为可能是不被提倡的，意气用事都会被指为不理智、不成熟的职场行为，这个故事也很容易让人涌起意气用事的冲动性热血。但仔细分析刘同的行为，其实意气用事是最后一刻，在老板私人的办公室里，冒出了一个20出头小伙子的傻气。虽然不知道这家公司现在怎样了，但老板离了他，公司照样转。我们更应该看到的是，那一年中，他扎扎实实地工作，也正是那一年，刘同才真正意义上地成了一个电视人。

刘同自己也说，当时那是极大的摧残和特别黑暗的记忆，但过了几年之后他突然发现，如果没有那段经历，他怎么可能有今天。在我们的生命当中，总会有一些人激怒你，会有些人令你讨厌，但当你实现你梦想的时候，反而突然会觉得，那些人的存在其实还蛮好的。

我倒更喜欢那句话，“谢谢你这一年给我的机会”。

聊天聊出的好节目

苦了一年，就这样潇洒地走了，挥一挥手，不带走下个月的薪酬。去哪儿呢？

回光线。

其实半年以前光线就一直在挖刘同，挖他回去，可他总觉得自己还没干出什么成绩，回去丢人。因为他是从光线出去的，这再要回去，得想清楚，他就是奔着不再离开的念头去的。

那个节目做了半年后，他在圈内颇有知名度了，光线的人就跟他说，你在外面做，还不如回来算了，回来做《娱乐现场》的主编，这话跟他说了半年。

我说你这基本上是骑驴找马了，知道下面有退路，才敢跟人家老板那么横。他说是的，他确实挺没那个种的，他不做“老子豁出去了”那种事儿。在我看来，这不是没种，不是㞞，敢叫板一定是因为自己清楚最差的结果可以承受，这是聪明。

回光线接手的节目是一个访谈节目，一个快要停掉了的节目，那个节目“裸奔”了好久，这是行话，就是说这个节目没有赞助商，没有企业冠名。

做电视的很现实，要么赚钱，要么节目就死，当时国内的访谈节目遍地都是，这个节目没有赞助商，每次都还要请艺人来。节目要被拿下了，怎么办？想辙呗，当时主持人谢楠和柳岩都是20出头，这个年纪做不了访谈，太年轻，有点分量的嘉宾来了，说的生活她们完全没经历。他们就想，有没有可能放八个人，“围攻”嘉宾，不管谁接不下去了，总有一个人接得上，八个脑子对一个，于是就有了记者团，就诞生了《明星记者会》。

用这样的方式，效果真的蛮好。有人问了个特别傻的问题，把嘉宾问得生气了，开玩笑说你给我出去，那个人就真的出去了。嘉宾就蒙了，问他怎么真出去了，记者团的其他人就帮腔，你不是生气了嘛，就让他走呗，咱们接着聊，你要想把他叫回来，我们就叫他回来。特真实。

这样既解决了节目没有更多的钱，去请大牌主持人的问题；又真的可以解决现场的尴尬，让气氛变得活跃；而且，培养了很多日后在光线独当一面的主持人和记者。

刘同觉得，这对他而言也很重要，因为光线慢慢地成了一个娱乐中心，每天都会有明星到访，他每天听一个人讲故事，现在的人都没时间跟家人朋友聊天，但是居然有人会跟访谈节目上的这些人聊两三个小时。听一个人聊两三个小时，就了解了他很多事，一年就是1000多个小时，了解了三四百个人。而基本上，到访的明星都是一线二线的，这意味着，一个电视人，在这一行发展下去的话，在这儿做一年，到任何公开场合碰到的都是熟人，都知道每个人最深的故事，人家看到你也会觉得很亲切，工作上的合作也更有化学反应。

娱乐圈里有的人每天混夜场，为什么？跟人认识，喝几十杯酒，能说上几句话，大多还都不说真话。但是在这个节目，三小时后，不用喝酒，大家就变得特熟，他哭给你看，你哭给他看，心能走得特别近。

我就问刘同，你一个做幕后的，为什么一开始老是出现在幕前？讲话还特别那个？他说这要感谢他们家有些艺人常常放他的鸽子，明明今天是谁来做，临录像前突然有事来不了了，他就自己化个大浓妆顶上去，听到其他人问得不爽了，就站起来说这个问题问得不对，应该这样问。

因为做幕后的人，更了解整个提纲，反而更能控场。只要长得不是极度难看，就算丑也丑得非常有特点的，都可以上电视。就这样，四五年了，节目从叫《明星记者会》到现在叫《最佳现场》，刘同基本上都会在，问好多问题，听好多故事。

像他现在常写明星专栏，都不用再重新采访，随时从自己的资料库里调。这人曾经大哭是为什么，曾经讲过哪些话，都种在他脑子里了。这个节目，不仅让他们公司的主持人越来越好，也让他自己受益匪浅。所以，现在只要有时间他都会去现场，在那儿不问问题，听别人讲他都觉得能学到好多东西。

做这个节目，自然会认识很多艺人，每天都有艺人来上节目，自然也会认识很多经纪人、宣传、助理。他都是自己约节目需要的人，约了两三年，他基本上把娱乐圈里的人都约遍了。后来正赶上他们艺术关系部的总监生小孩，老板只能找个人填空，就让《最佳现场》把这部分工作一起负责了。广告部的人很喜欢带他出去谈合同，为什么啊？因为他最了解娱乐圈动向啊，比如人家要请A明星，就问他A明星最近干了些什么，哦他昨儿刚打了人，那不好，就改B明星吧。慢慢地，客户就很信任他。

良性循环来了，客户信任，经纪人就很信任，经纪人信任，艺人就很能讲，节目会好看，宣传就很希望艺人来上这个节目。那时候，节目在北京的地面频道播出，在北京地区的市场占有率排第一，北京能看到的所有的节目里排第一，刘同和团队伙伴的电视信心也芝麻开花。

在工作中遇到突发事件也不是坏事儿，没危机就不会逼着自己想对策，生于忧患，死于安乐。想好了对策，找准了方向，踏出第一步，即便目标是一百步，踏踏实实走下去，总会到达那一步。

只要出发，就会到达。

不撞头，不知道前面是墙

28 岁之前的刘同，职场动荡，在一档节目做两年多，已经是那时候的他做得最长的一段时间了。那时候他就是那么的飘忽，飘忽得有些不靠谱。

有一天，他觉得自己的人生不能只是这样，就跟老板说不做节目了，要去做广告。因为他觉得自己跟广告接触很多，就想做广告才能给公司创造直接收益。他也如愿以偿了，被老板调去做广告的副总。

可他毕竟从来没做过，人家其他做广告的，一个业务员可能都已经是老手了，他没有业务能力去管那些总监，只能自己也去跑销售。打电话时，还装："你好，我是光线传媒的销售。"好不容易约个客户跟人家见面，经常是他一个人口若悬河地跟人家聊。

他是一个特别敏感的人，他给一个客户发短信约谈，人家答应了，他觉得好开心。第二天再给人家打电话，打一个对方没接，他想可能人家很忙；过一小时之后再打，心想一小时过去了，对方也应该接了吧；还是不接，他想这人太没礼貌了。后来再打第三个，被挂掉了。那就等你回电话，一天，两天，三天都没回。刘同就会想，太不尊重人了，大家都是人，为什么不尊重我?

当时他的思维就是，社会上人和人是平等的，你知道我找你，你不回我电话，就没把我当人看。又过了一个星期，他知道再不联系的话，这个单就没了。最后鼓起勇气再打一次，豁出去了。

响了一声，对方就接了，说对不起今儿没时间，明天下午能不能见一面仔细谈。他当时就傻了，后来才知道，原来有些广告人是这样的，可能忙到几天不能接电话，可能有更重要的人得面对，忘记了说好的时间也不会内疚，但是他们认准的机会也不会放过。

经此一役，他明白了，做广告要学会没心没肺一点儿，像他那样的文艺小青年，特敏感，一天到晚自己跟自己还演戏呢，演得天翻地覆，别人谁在乎? 广告的尴尬，让他心中的文艺小青年旁边，多站了个普通小青年，以至于后来他也就不会因为别人对自己的态度问题，而给自己造成心理压力了。

当然，他终究没有成为一个合格的广告人。尴尬了将近半年，他想真不应该转行，要不就认输吧，就又跟老板说还是做回节目吧。老板依然爽快地答应，还跟他说，其实当时安排他转岗时，就知道不会有很好的结果，但是参与一下广告业务，或许对做节目有帮助。

这个老板我没问是谁，但他说得太对了。在媒体行业，不懂销售的业务人，不知柴米贵，天马行空后以为做节目是艺术，其实做出来的产品没价值；不懂业务的销售者，一天到晚把自己看低，只会哈着客户，忽视节目的品牌价值，只懂吆喝贱卖，早晚被其他销售精英淘汰。

以前刘同以为，所有客户都要回扣，所有客户都去夜总会，觉得广告行业特别“脏”，但是那半年实践得出的感悟，让他相信其他的方式也是可以的。只要找到共同目标的客户，节目的发展和产品品牌的目的一致，就可以真正共赢，他相信可以找到专业、职业的客户，一定可以。

所以，他开始跟客户沟通，研究客户的长远需求，在客户面前保证节目的品质不被侵犯，合作后又在乎客户的权利，即便常常跟客户拍桌子、吵架，到最后都能成为朋友，因为大家都有成就感了。

对业务是这样，对人也是这样。所有道理的认识，都需要一个过程，这种过程往往伴随着阵痛，有些事，刘同现在想起来，都很内疚。

现在他是名制作人，柳岩、谢楠是名主持人；但好多年前，他还是年轻主编，两位花旦还是电视新人。

有一次《明星记者会》的主持人迟到了，可节目快开场了，他就让刚出道的谢楠去化妆，立即熟悉主持人台本，让她来主持那期节目，做代班主持人。谢楠那时候小，特别开心，终于有机会证明自己了，特别用心地准备好了。临开场前一分钟，主持人到了，他就跟谢楠说，你不用主持了，还是让主持人上，开场前一分钟把人家换掉了。

还有多年前的柳岩，主持日播节目，365 天都在录节目，有一天小姑娘想请几天假，说是去医院处理个小毛病。刘同把脸一黑就问人家，为什么请假？你觉得这个节目对你来说不重要是吗？如果你觉得不重要，你可以走；如果你觉得你的离开，会对节目造成伤害，就不要走，结果柳岩就真的没有走。后来才知道，那次请假正是柳岩发现了胸部的肿瘤，要去开刀，跟一个男性同事只能这样开口。

听了这段，我都很不忿，我问他，当时你就觉得新人好欺负是吗？

他说几年后他慢慢成熟了，再回想起来真的很内疚，只是他当时真的想得很简单，什么事儿能比节目更重要啊，因为他觉得他自己就是两三年天天连轴转。大哥，你是男人啊！电视圈的女人不容易啊！要是只一门心思扑在工作上，忽略了电视里的人情味儿，这电视还不如不做，做出来的节目也是冰冷的。

在职场上，每个人都想别人好好对自己，都想工作越来越好，都想加薪、升职；每个人都怕别人对自己不好，都怕工作处处碰壁。道理很简单，其实就十个字：与人方便，就是与己方便。你怎么对别人，别人就会怎么对你。要是人人都做职场上的好人，何惧被小人算计呢？

尊重生活的电视人会被生活尊重

我在《职来职往》里，面对一个求职电视编导成功的女孩，曾经说过一句话：加油！希望你做一个有良心的电视人。

其实，电视就是生活，几乎所有的电视节目都和生活密不可分。很多人洗澡的时候都喜欢哼歌，走路的时候也喜欢哼歌，但永远记不住歌词，于是出现了《我爱记歌词》。

女生宿舍里，一个同学谈恋爱了，室友就会问，他是干什么的？多大了？挣多少钱？开什么车？家里干吗的？就这么五个问题，于是出现了《非诚勿扰》。

《最佳现场》有一个环节，“我要的信福”，因为现在的很多人可能十来年都没写过家书了，有事一个电话、一条短信就说明白了。可现在的年轻人已经没时间去听父母唠叨了，没时间去跟父母聊工作了。但父母真的很想跟我们讲一些话，只是不知道怎么讲起。

我的好搭档李艾，有一次上这个节目。在她很小的时候，爸爸就因病过世了，爸爸最后一次去北京治病，回广州的时候带了一个布老虎，要给李艾做礼物，小李艾特别开心。但那天她家里来了一个小表弟，小表弟才几个月大，爸爸直接把礼物给了表弟。后来爸爸就离开了，那成了爸爸最后一次给她买礼物，这件事成了李艾永远的负担。为什么爸爸最后的礼物，给了表弟，没有给自己？布老虎还被表弟到处扔，最后是李艾默默地把这个礼物收藏了起来，不管搬家去哪儿都带着，但她一直不能理解爸爸。

节目组带着这个故事找到李艾的妈妈，李艾的妈妈写了一封特别特别长的信给李艾：其实那时你爸已经感觉到，那有可能是他最后一次的远行，于是给你带了一个布老虎，谁知道那天家里有小孩儿，你知道你爸的脸面很薄，不能只给你不给人家孩子，其实那个礼物就是专门给你买的，我们没有想到，这个居然成为你那么多年的负担，李艾，你要相信，你爸爸是很爱你的。

一封信，打开了李艾十几年的心结，她在现场一直哭一直哭，抑制不住。看这段的我，也控制不住，想到自己长那么大，是不是也有很多跟父母的心里疙瘩，为什么不大胆地去和他们聊聊，等到没有这个机会了，可能会把对父母的误解永远地误解下去。

刘同记得最清楚的一个嘉宾，刘之冰，是个演员，饰演了很多次军人，他讲过一个真实的故事。他去过我们国家最东边的一个哨所，去慰问那里的战士。有个站夜班岗的士兵，看到他出去就说“首长好”。他出去的时候外面没下雪，过了两小时回来后，发现那个士兵的身上已经有了厚厚的雪，还在那儿一动不动，看到他回来了，依旧张开嘴说“首长好”。刘之冰特别感动，就从口袋里掏出一块巧克力，放在战士的手上，说给你，冷了你就吃一口。战士不接，死都不接，说我在站岗我不能接。刘之冰没办法，就给他打开，直接给塞到战士嘴里，转身就走了。走了几步，战士的巧克力还在嘴里，声音还带着哽咽特大声地喊:“谢谢首长！”

我们现在越来越少有机会，能听到这样的故事了。电视里大部分时间，讲的是男女的爱情、商业的欺诈、明星的八卦，而感动有千百种，总有一种能直接钻到人的心里，让我们久久不能忘却。就算事情过去很多年，当我们因为工作和生活，心里有抱怨的时候，想到这些故事，我们心里也会莫名地产生一种力量，然后笑对烦恼，迎接生活给我们的每一次挑战。

刘同跟我一样，认为电视人应该努力让自己有良心。做不到太多，总得从自己做起。他来上《职来职往》，跟他面对自己制作的节目一样，都要提前向编导要到求职者资料，要知道自己在第二天录影时该说些什么。他自己记得录每一个节目时讲的每一句话，他觉得，这样才配得上站在摄像机的对面。

陈默：人生不长，要知道自己永远在对的路上

陈默这个名字，第一次听到，是在 2011 年 9 月的一个中午。

我刚到《职来职往》的录影棚，准备化妆，制作人文康跑进来跟我说，今天来了个新达人，特好，宝洁的陈默。

我脑子里反应了一下，宝洁我知道，P&G 嘛，陈默是何方神圣？

上台之后介绍新达人的时候才第一次看到陈默，哟！一个大帅哥，好像以前在哪个时尚典礼上见过，这么高、这么帅，估计是企业的形象发言人吧，我不断地抑制自己脑袋里别蹦出“绣花枕头”、“花瓶”这样的词。

直到他一开口，我瞬间发觉，我错了，他绝对有料。

后来有一次跟石头哥聊起陈默，他说，事情已经过去快 10 年了，他现在还记得，当年在奥美，有一个 23 岁的员工，一个阳光少年，一个翩翩而行的年轻人，进入公司时间并不长，就因为出色的工作能力和潜力，很快地被提升为经理。那个曾令很多不熟悉他的、比他年长十几岁的老员工刮目相看的少年，就是陈默。

陈默的职场是从奥美起步，然后到宝洁，这两个公司都是做市场营销非常强的公司。

他说他被教育的，就是目标受众必须得单一。不管是做一支广告也好，做一个活动也好，就想你只有一个受众。

这个受众是谁？他长什么样子？他最需要的信息是什么？别想多，因为想多了没有什么意义。你不是人民币，不会每个人都喜欢你，你必须让看到这支广告的人喜欢上你的产品，让喜欢这个品牌的人更喜欢这个品牌。

这是他受的教育，如果你有一个特别清晰的目标受众的定位，那就假设在讲故事给你的受众听，讲的是他需要知道的故事。

那我就试着跟你讲讲他的故事。

中国最早的小网民

1987 年 9 月，一封邮件从北京计算机应用技术研究所发到德国的卡尔斯鲁厄大学，共八个字：跨越长城，走向世界。北京这边打了个国际长途电话问那边收到了吗？ 6 天后，那边说收到了。

这就是中国的第一封电子邮件。

1995 年，一个大学英语老师第一次接触互联网，他叫马云。

1993 年，一个 13 岁的北京男孩子第一次接触互联网，他叫陈默。

那算是中国最早的互联网年代，陈默应该算是那个年代中国最小的互联网用户。那时候是拨号上网，速率是 2.4K。上网都能听到“嘀嘀咔咔”的声音，就像传真一样，通过一个叫调制解调器的装置上网，那个时候能够访问的网站仅有中科院高等物理研究所的 Internet，那是在北京唯一的、要找关系才能够用到的互联网。

我问他当时你一个小屁孩儿，凭什么就能上网，你们家是不是条件特别好？他说还好，就是不缺吃穿用，想要的东西如果是合理的，家里一般都可以满足，不过从 16 岁开始，他已经不再花家里的钱了。

陈默开玩笑说，他感觉冥冥之中有一种力量，指引他去作一些选择和判断。我嘲笑他这纯粹典型的非唯物主义歪理，所以还不依不饶地要他探寻一个合理的原因。陈默见我打破沙锅，于是认真地想想，觉得可能是来自于好奇心的指引。

他从小就有一个怪癖，喜欢按各种按钮。5 岁的陈默，志向是做一名电梯司机。那个年代，电梯不是谁进去都能操作，有个专职人员负责。问你去几楼，你说 6 楼，只有那个人有资格按 6。当他看到一个电动的房子，人按一个按键之后就能到你所指定的楼层，觉得非常神奇，觉得很好玩。

就是在 5 岁那一年，陈默偶然见到一个叫计算机的东西，上面居然有 101 个按键，这是他能接触到的按钮最多的东西，就到处找机会让大人带他去能看到计算机的地方。

再大点，他看到在一个报纸的小豆腐块上提到了网络，计算机可以联网。可报纸上说计算机联网只能在校园里、机房里，那自己家怎么能做到呢？然后他就顺藤摸瓜找到了可以联网的方式，买了个 2.4K 的调制解调器，用家里的电话线拨号，终于可以上网了。

于是他又说了回去，人一定要做你自己，一定要跟着自己的心走，因为人都有面临迷惘或者选择的时候，只要明白自己想要什么，只要是正确的，就真的可以在一些指引下作出正确判断。

他开始玩儿电脑，是因为对电脑好奇吗？不是，其实是因为喜欢按按钮，但是坚持下来了，就接触到了比按钮更有价值的部分。

日后他在他的简历上写“辅修计算机”，别人就问，你是念文科的，你们中国政法大学有计算机系？他说我不是在大学念的计算机，我高中没毕业就拿到了计算机的大专文凭。这不是平白得来的知识——比如为了研究局域网，陈默用高中假期打工赚来的“巨款”，买了 5 台电脑放在家里，自己组网并连到 Internet。正是这种坚持与执著让他比别人收获得更多。

陈默一直强调，对他来讲计算机就是他的一个好朋友，他觉得可以和计算机对话，他明白它在做什么。就像他在面对 Windows 的时候，并不觉得是在面对一个工具，而是对面坐着一位老友。

我不太能理解，因为我的电脑水平很烂。但我想我能明白他的意思，喜欢一件事情你就去做，当你做得越来越多的时候，其实你面临的兴趣和爱好，可能远远不止一个专业。看似不经意的一个小选择，它可能影响你一生，会变成你向上的力量。

活在“正循环”里

陈默曾经就“学习”这个话题，说过自己的看法。他的体会是，要让自己活在一个“正循环”当中。

就是要创造一个气场，这个场能够帮助你越来越好。相反，在另外一个场里面，周围的人可能会鄙视你、挑战你，给你很大的压力，你也许会越来越差。小时候都听说，有压力就有动力，可事实上，压力往往很难带来好的结果。我们应该活在一个正面的环境、正面的能量当中，要让自己活在一个“正循环”里。

陈默在高中之前都不是一个传统意义上的好学生，在小学和初中都只是中等偏上的成绩，班里 50 个人他排 20 名，但也说不上是一个传统意义上的差学生。可那个时候，家里的亲朋好友都流行介入孩子的学习当中，他们会说陈默你这样不行，你这样考不到好学校，你未来可能堪忧。

奇迹的是，他到了高中突然就变成了一个好学生，高中三年没有考过全年级第二，每次比第二名的成绩至少高出四五十分，最多的一次高了 100 多分。这种变化挺神的是不是？为什么呢？

在初中毕业的时候，他突然意识到，学习不是背书、不是做作业，而是你得把书上的知识真正弄明白了。他找到一个方法，就当自己是个老师在给学生讲课。凡是自己明白的东西就过掉，凡是自己不明白的东西，就自己给自己讲一遍，直到明白了。他发现这个方法特别好用，他的文科和理科都用这种方法应对得很好。学习，突然变成了一点都不累的事情，然后这个过程也没有想象中的那么枯燥了。在想这个问题的时候，可能又延展出了一些其他的问题，想到了其他的东西，知识面、信息源就越扩越大。

但读高中的陈默在很多老师眼里是一个有问题的学生，成绩很好，但不怎么按照老师的方法念书，不是个传统的“听话”的学生，而且还兼任很多社会工作。但他的幸运在于遇到了一个懂他的班主任。

他的班主任尊重他的学习方法，尊重他的一些选择，甚至给他开了很多绿灯，一直到现在陈默都特别感谢这位老师。同时这位老师也让他懂得，不是每个人都能用自己的方法学习，所以不要盲目地传递一个信号给同学们，因为不是每个人靠同样的方法都能取得同样的成功，很多付出和努力不是完全对等的，收获也不一样大。

老师理解他，陈默也尽可能去理解老师，尽量地收起自己的一些骄傲，觉得成绩好没有什么可炫耀的。在这样一个特别正面的氛围之内，人会变得更好。

高中的时候，他一直保持好成绩，后来到大学，再到工作，从陈默同学到陈默先生一直是这样。大学时期一般在考试前一两天，他会去学校的图书馆把厚厚的一本书从头看一遍，可能之前听老师讲的都淡忘了，在看的过程当中，会遇到一些非常重要的点，他就立刻到图书馆其他地方找相关的参考书，读书让他对问题的理解不是建立在对条文的记忆和对法条的背诵上，而是基于很多名师大家的功底，吃透了这些观点以后，他对这个问题的理解就非常清楚了。

所以他大学考试最不喜欢做选择题，虽然 A、B、C、D 你还能蒙一个。他不一样，他喜欢问答题，因为可以用一些有分量的观点去支撑。他说在大学《民法》考试的时候选择题错了很多，但是最后问答题之外的分数，其实比他在选择题上应该扣掉的分数要高。也就是说，老师在问答题上给了他比满分更高的分数，又是一个好老师，让学生特别受鼓励的老师。

我在陈默身上看到了 IQ 以及 IQ 之外的东西——我听过这么一个数据：人的大脑只被开发了 1% 左右，我们有无穷的潜力是没有被开发的，那这些潜力是什么？不一定是逻辑，不一定是其他的东西。或许是理解力，是了解，是知道一个简单现象背后的原理。

很多事情，不能只看现象，要去观察这个现象背后的本质，这样会让我们在做很多事情时更容易一点。但是，你想了解背后的本质并不容易，要花大量的时间、精力去研究。不过，研究透了再去做，事情的确就会变容易，就会从被动到主动，从单纯地接受信息到思考信息再到理解信息。

别忘了你要去哪里

陈默是念法律的，中国政法大学法学院毕业。他在大学的成绩挺好的，但是他知道自己并没有把全部精力放在读书上，或者比起那些用功读书的同学来说，他在学习的专注度上差很远。

他在大学是另一种类型的同学：学习成绩好，又去做很多社团工作，还在校园外面做一些自己的事情。到了毕业时，他获得了一个他自己都没曾想到的荣誉——北京市优秀毕业生。

北京市优秀毕业生需要什么条件？第一是学习成绩要达标，功课要多少门“优”，多少门“良”以上，专业主干课要什么成绩等；然后，一定要做够多少社会工作，而且你不只是做社会工作，还得看得了什么奖。也就是德智体美全面发展，要求的水平比三好学生的更高。优秀毕业生最后怎么评呢？没有投票！为什么？

因为能够满足这些条件的同学数量，还不足市里给的名额数量，所以只要满足这些标准就自然是了。因为名额很少，能满足这些标准的人也很少，他说他是稀里糊涂地拿到了这么一个荣誉。同学当时就不忿啊，觉得你大学也不怎么上课，为什么可以这么牛？他当时的上铺还是云南省的高考文科状元，比他成绩好的同学也有一些，但是他得了这个荣誉。其他同学的用功，可能给他们带来了另外的收获，比如有的读了研，还有的读到了博士，毕业后也找到了满意的工作，或成了专业领域的研究人才。但是陈默的平衡发展给他带来了自己的收获。

其实每个人走的路径的确不同，但每个人都得知道，自己的目标是什么，做的事情得向着自己的目标。很多同学都有特别清楚的目标，但是做了一些其他的事儿，不支持目标。有个词儿叫“结果导向”，如果不做结果导向的事情，即便有一个特别美的梦，这个梦非常值得尊重，但是没有走在一条通向这个梦的路上，就只会收获一个遗憾的结果。

刚开始，陈默并不知道优秀毕业生有什么条件，他并没有意图想拿这个荣誉，优秀毕业生不是他本来的追求，可是刚好他做的几件事情满足了拿优秀毕业生的条件，对于他来说这只是个因果关系罢了。

在大家还叫他陈默同学的时候，他并没有非常清楚地判断他喜欢做什么，他只知道自己不喜欢做什么。比如说，他知道他不会去作研究，因为他的性格比较外向，不能关起门来研究一个什么东西。

他喜欢帮别人去解决问题。我记得有一次我托他在广州帮我在一个牌子的店里买件衬衣，结果他把那家店所有他觉得样子适合我的全都拍下来，全都附上价格，发彩信给我，并说出了他的建议。我很感动，心想，他是不是也有什么事要来求我？后来一打听，才知道他身边很多朋友都被他这样细心地“照顾”过，对他来说，这是一个做公关的人的“基本动作”。

有的时候我们要给自己做减法，当自己不是百分之百确定喜欢做什么的时候，可以先明确自己不喜欢做什么，把自己的这个包围圈缩小，到最后就知道，哪些方面我不喜欢，就不去考虑；但是有些方面我好像并不讨厌，就多作准备；有一方面我特别喜欢，就全力出击。

如果开始不知道要去哪儿，就先确定你打死不想去哪儿，最后你才不会忘了你要去哪儿。

你跟你对过话吗

我记得陈默跟我说过他的一个习惯，一开始听得让我起鸡皮疙瘩：他会拿很多时间自己跟自己讲话。

不是写日记，写日记是文字记录。人要和自己对话，要遇到未知的自己，要发明自己适用的方法，这和写日记完全是两码事。陈默和自己对话，向自己寻求一些建议。他说他每天睡觉前都和自己讲话，不是坐在那儿自言自语，那个很可怕，是让自己安静地在脑子里问问自己今天遇到的所有问题该怎么解决，解决得怎么样，让今天必须要比昨天更了解自己。

哪些地方要有进展，不能是停留在一个阶段，30 岁和 20 岁的自己如果自我意识上还是一样，他说那就很可悲了。

就像人类有太多的发明，这些发明之前是不存在的。发明和发现不同，英文里 invent 是发明，discover 是发现，这两个词有本质的区别。发明，是你可以想到一些以前没有人想到的东西，并制造它。

那些发明家可以，我们也可以，可以发明一些自己的思维方式。不能等着天上掉苹果砸你你才想，要跟自己去讨论，跟自己去聊天。

我们常说，某个人虽然年龄成熟，但是他心智不成熟。某个人不平和，就像好斗的公鸡一样，在自己还不错的时候去攻击别人，为什么？因为他怕输，他想把别人打垮，他以为把人家打垮了他就立住了。

只有两种人是不怕输的，一种是什么都没有的人，另外一种是输了也无所谓的人。后者看得很清楚，有些东西没有了也无所谓，给了别人也无所谓，只要自己付出，早晚还会赢得。三个字：输得起。

每个人要尽力看清自我，自我不是自我意识、自我肯定或否定。自我，有些是觉醒，有些是对自己的了解，是思考怎么驱动自己。

在我看来，陈默是一个特别明白自己的人。很多人都说，我了解这个，我了解那个，但很多人都不敢说我了解自己。他就很了解自己，不容易自卑，也不轻易自负，更多的是量力而为的自信。这样建立的自信是别人拿不走的。

记得有一句话说得特别好：自信是可以和血肉成长在一起的。

这样的自信是属于你自己的，有了这个东西人就会真正变得强大。

找到第一份工作

在大学时期，陈默做了很多学业之外的工作，他想借由这些了解社会。他在高中创办了学校的学生会，被选为学生会主席。上了大学之后被学长、老师问，要不要加入学生会，那时候他想，我不要再重复高中做过的那些事情了，我要做点别的。当然，是在他把学业照顾得很好的同时。

他去打辩论赛，他是学校辩论队的主力成员。辩论赛一定是有输有赢的，在这个过程当中会学到很多东西。从大一一直打到大四，他觉得一直在学东西，一直在丰富自己的信息量，一直在锻炼自己快速组织团队并且协同作战的能力。

他创办了学校的第一个网络社团，那个时候网络刚刚开始兴起，他很早就开始上网，1993 年开始上网，1999 年的时候他创办了中国政法大学的第一个网络社团，那个社团一直运营到现在。

他是学校国旗班的班长，这是他至今仍对国旗保有浓烈感情的原因。他说在工作后他去过很多国家，总有一种漂泊的感觉。但是在任何地方只要看到五星红旗，都会觉得格外的踏实。

他跑去做实习律师，通过做实习律师，他知道自己的性格做不了律师。他发现大多数的时候，律师最后的目的是合法，不一定都是合情合理。他更喜欢做一份原则导向的工作，而不是法条导向的工作。

到了大学毕业的时候，陈默已经很明确地知道自己不愿意做什么了。他不想做与法律相关的事情，他不要进政府。再回头想，他意愿中大致的领域是什么，第一想做跟传播相关的事情，第二想做帮人解决问题的事情，第三想做能看到更宽广视野的事情。

结果，他去了三家符合他目标的公司面试，最后全都拿到录用通知。因为大学毕业要签协议，他就和其中一家公司签了约。但当时这家公司要他 7 月份再去上班，他有几个月没事做，那个时候是 1 月份。他就想不如先去实习，去另外某一家公司实习。

只有一家叫奥美的公司当时是可以实习的，他就去奥美了。当时奥美正好缺人，正赶上了扩张业务前的一段时间。他本来想得特好，实习到 6 月份，再去签约的那家公司上班。结果到 5 月份的时候，他发现自己已经舍不得离开奥美了。就只能特别不好意思地找已签约的那家公司，说对不起我不能来了，希望你们能原谅我。

之所以会这样，一个很重要的原因，是实习的几个月让他感到，一家有规模的广告公司给人带来的影响。每个身处其中的年轻人都很有激情、都有机会让自己的想法变成现实。他知道自己想成为那样的人，他选择了一个环境，可以让他成为他更喜欢的自己。

这个是非常重要的，人一定会受外界环境的影响，如果你能预知这个环境给你带来的影响是什么，你有权利选择进入这个环境，或者远离这个环境。

陈默进入奥美的第一份工作，是业务执行，或者叫客户执行，这个职位是任何一个广告公司都有的最基层的职位。在奥美，这个职位不以发展新业务为主要目标，不需要出去拉业务，为固定客户提供咨询服务是他们的主要任务。如果你英文好，会让你去服务奥美的全球客户，比如 IBM、摩托罗拉，都是奥美的全球客户，你要面对中国的 IBM、摩托罗拉，同时又要去面对奥美全球的 IBM 服务团队、摩托罗拉服务团队。

后来广告公司都面临着在中国业绩增长的压力，所以他们需要一些新的生意，但是面对新的生意，这种全球性的广告公司很少主动出击，通常都是客户有需求的时候，邀请几家广告公司，通过比稿的方式选择一家公司。这就要求了解客户需求，基于客户需求形成传播策略，和创意部配合，一起把创意作品卖给客户，再把这些东西执行到位。作为一个业务执行，可能做不到这个链条的全部，但是要辅助这个链条的顺利执行。这个工作，准入门槛并不高，但想做好绝不容易。

陈默担任的客户执行是客户部当中最基层的工作人员，要辅助部门的服务过程，尽可能地协助团队领导把这个过程做下来。

这份工作需要专业的积累，需要领悟能力，更需要学习速度。为什么有些人做了三年、五年还在做最基层的工作？是因为学习的时间和速度需要他用这么长的时间来理解这份工作。陈默当时做一些执行的事情会比较快，因为他有办法把一个别人需要做一整天的事情，用一两小时做完。

比如做表格，别人用 Excel 用得不熟，做一个 Excel 表格用一整天，他可能一小时就可以做完，因为他玩了那么长时间的计算机，这让他的效率变得很高。

效率变高之后面临两个选择：要么承担更大的工作量，要么用余下来的时间去学别的，或去做不同的工作。他在那个时候意识到他年轻，不能靠客户量取胜，只有把工作做得更深。

比如帮他的老板，甚至帮他老板的老板分担一些他们在做的事情。久而久之老板发现，好像陈默做的事情都还不错，还能帮我分担事务，而其他的业务执行不能这样帮我，这个时候就会更重用他，一段时间里他的工作量会更大、更忙碌。

这个时候外力起作用了，这个作用不是一种被动的挑战，是主动给自己压力，是一个好上加好的挑战，这个时候成长的速度就会更快。总结说，就是做好分内的事情，又愿意去做一些额外的事情，并接受额外的事情给你带来的额外挑战，形成正面的良性循环。

当你的知识面得到延伸，你在这个领域中的专业素质得到提升时，就迎来了一个新的课题——带人的能力。

一个人再好能有多好

带人，哪怕只带一个人，也是一个团队。要知道什么东西应该授权给别人去做，什么东西应该自己来做。不是任何一件事情都应该授权，不该授权的你授了，对团队伙伴不一定好，对你自己也不一定好；该授权的你不授，团队伙伴的成长就会受阻。要知道有些东西授权，有些东西收权。

只有自己扎实了，你去带别人的时候，你的水才可以倒给人家。倒水的时候还要注意方法，不是一股脑把水倒在伙伴身上就好了，要注意量、注意速度，不同的人要用不同的方法去带。

首先，自己做事情要很靠谱。然后，带着别人做事情很靠谱，这时正循环就起来了。陈默曾经对他带的第一个伙伴说，你是让我从走得快变成可以跑起来的人。

自己走，只能走快或是走慢，但要想跑起来得有人帮你，帮你卸下一些包袱，让你可以跑得更快。

你跑得更快，就会带着你身边的人也跑起来，陈默带的第一个伙伴也成长得很快。陈默是奥美升职最快的年轻人，那位伙伴成了奥美升职第二快的人，到现在，这对陈默来说都是件特别骄傲的事儿。

这是团队的力量。

公司也会有逻辑地判断你的工作量。首先，他发现你已经走到一个位置,你可以做更难的事情,有些简单的事情需要有人帮你去分担。其次，你的盘子越来越大了，久而久之公司会发现，原来你有更大的工作容量。那么他就会给你更多的要求，同时也会给你更多的资源，变成一个良性循环了。

如果你每年都在犹犹豫豫中完不成自己的业绩，或是被客户投诉，公司会给你减量、减人，那你就陷入一个负面循环，慢慢就变成光杆司令了。

不看地图的司机不是好司机

有个让陈默印象很深的客户，是他在 2003 年第一年做业务经理时接触的一个客户，这个客户比他大一轮，那个时候他 23 岁，对方 35 岁，是一个全球医药企业的非常资深的高级经理。第一次会见这个客户，开了一天的会，中午他们一起去吃饭，在路上陈默问人家："我们是第一次做医药这个领域，你觉得我们应该注意一些什么？"

对方礼貌地跟他讲了几条，然后指着她的助理说，你就多跟她去聊一聊。当然，一方面，陈默很感谢客户给的建议；但另一方面，他知道，对方觉得他们不是站在同一条线上的人，因为这个客户很资深，从年纪上、资历上，超过陈默太多，他会发现其实对方在那个时候不愿意花时间在自己身上。

陈默非常理解这种做法，换位思考一下，也许很多人都会给出同样的态度。如果你能够成为他同一条线的人，你不是跟对方讲那些可有可无的，而是要让对方感到，你真正可以帮到他，结果又会怎样？

后来陈默用了大概三个月的时间，去了解这个行业，去了解对方公司所面临的挑战，去判断这个公司下一步的战略。找到了这些东西，真的能够给他们提供一些建议时，对方的信任就来了。而这个时候，这种信任是别的东西打不破的，这种信任是发自内心的。

怎么服务好客户？要明白客户真正要的是什么，我们最容易犯的一个错误就是，我要做好的创意，这的确是每家公司的成功标准。但是往往我们会忽略了，我们的好创意，能不能为客户的职场生涯带来帮助。举个例子，你面对的是客户的高级市场经理，你有没有想过，他在公司是怎么被评估的？你怎么能够帮助他的事业取得成功？而不只是你的创意取得成功。

在什么状况下你可以跟客户变成战略伙伴？只有当你能帮助你的客户取得他所需要的成功要素的时候，你才能成为他的战略伙伴，不然你只是给他画画的、写字的、写 PPT 的。

直到现在，陈默和那位客户都是特别好的朋友，甚至好到对方要考虑换工作，都会打电话咨询陈默的意见。这种依托已经不仅是工作上的业务合作，还是互相信任的伙伴，虽然年龄差距依然是 12 岁。

了解客户的各种专业的需求，而不是个人需求。别去研究人家喜欢吃什么菜，喜欢喝什么酒，喜欢拿什么包，如果你不能帮助客户创造他要的价值，其他的关系会很脆弱。在一个领域，就把这个领域的东西做到极致，其他的东西不要浪费精力去想。

那是陈默职场开始的第二年，他被提升为业务经理。

第三年，被提升为业务副总监。

第四年，被提升为业务总监。

第五年，被提升为客户群总监。

开头说的那个阳光少年，一年一次升职。

五年半15个老板

陈默在奥美的经历，有一点很有意思。

他在奥美的五年半里跟了15个老板，你可以想象吗？这15个老板其中有13个是他在奥美的前三年中合作的。这种经历岂不是特别动荡？

事实是，有的老板升职了，有的老板换工作了，还有是因为陈默升职成老板了，变成了平级，只能再面对更高一层的老板。

其中有一个老板，是合作了一天之后，陈默就说不能跟这个人再合作，原因居然跟道德问题有关。

那个时候他还不算资深，职务是业务经理。这位老板是新加坡来中国工作的一位女士。第一天谈工作的时候，老板就让他做一些违背道德准则的东西，当时陈默就说这件事情自己不能做，然后，在第一天，在奥美这个非常宽松的环境里，不爱争吵的陈默和这位老板爆发了一场非常严肃且不愉快的争吵。

之后他就去跟公司谈，因为什么样的问题，无法跟这个人继续合作。公司一时并不确定问题的真正缘由，就先把他们拆开了，没有让双方再继续合作。

奥美是一个很少会解雇员工的公司，哪怕你有一些业绩上不达标，公司都会给你一些其他的办法，让你再有一些努力的机会。但是半年后这位女士被要求离开公司了。虽然很遗憾，但也让陈默意识到，有些东西可以妥协，可以不去计较，服从为先、求同存异；但有一些原则的东西必须坚持，如果你今天不讲，明天你可能就会被拉下水。

一定要明白好和坏、对与错是有本质不同的。我们可以在好和坏当中妥协，但不能在对与错之中苟且。当好和坏、对与错发生矛盾的时候，一定要先作对与错的判断，再去作好和坏的衡量。

还有一任老板，那是陈默在奥美的最后一任老板，也是一位女士，出生在中国香港，在澳大利亚长大，在传播领域非常专业。在陈默供职于奥美的第四年，这任老板跟他产生了一次误会。

误会源于猜测，老板认为陈默太被客户信任了，而老板那个时候在客户面前遇到了一些挑战，所以她想，可能是陈默在客户面前，说了一些对她不利的话。事实上陈默没有，好在他敏感地察觉到了老板的这种不信任。因为他慢慢发现，自己在很多事情上得不到老板的支持，不支持不是专业上的，而是来源于人际上的。

于是陈默主动找到老板沟通，她也是一个很直率的人，两个人互相澄清了所有事实，消除了本不必要的误会，用各自的方法弥补了不信任，后来老板还帮陈默向公司争取升职，两人一直合作到陈默转换职业轨迹。这次职场中的小插曲让他清楚地意识到了两个问题。

第一，一个团队的成功绝不是一个人的成功。团队的任何一个成员，不管你是处在哪个级别，不管你是处在何种分工，你都需要尽全力去维护团队的集体形象。因为任何形象受损的团队都不会成功。

第二，上下级一定要建立互相的信任。当团队成员相互信任的时候，做很多事情都会非常容易，非常顺。一旦有不信任产生，一定要尽快澄清事实真相，不要让这种不信任转为更深的猜忌，继而将破裂蔓延下去，直至毁灭整个团队。当然，这种信任，不是空口说出来的，而是用实际行动甚至多年的磨合与了解“挣”来的。

后来陈默跟一个非常资深的经理人、现任奥美全球培训总裁分享这个故事的时候，这位前辈告诉他一句话：在世界任何一个地方，任何事情的发生都是有原因的，而任何事情都会有解决的办法。

世界小到只有六个人

20 世纪 60 年代，美国心理学家米尔格伦提出了“六度分隔”理论（Six Degrees of Separation），这个理论通俗的解释就是：你和任何一个陌生人之间所间隔的人不会超过六个，也就是说，最多通过六个人，你就能够认识任何一个陌生人。

2007 年 6 月，也就是陈默进入奥美五年半的时候，他的一个大学同学突然打来电话，说宝洁在招公关部的负责人，这个位置已经空置很久了，问他有没有兴趣考虑一下。

宝洁很少从外面招人，这家已经成立 175 年的公司一直奉行“内部提升”机制。只有在内部没有合适的人选时，才会在外面寻找合适的职业经理人。

当时陈默正在思考未来职业生涯的规划。他在奥美每年升职一次，而且他是奥美第一个在大学毕业头一年就升职的。在他之前，有一个被奥美全球认为是中国最有发展的年轻人，快 25 岁的时候才得到第一次升职，工作了大概三年才升职，这在奥美已经算是神速了。而陈默把这个纪录由三年压缩到一年，这在奥美内部激起了特别大的争论。

可是这份工作做了五年半之后，他已经可以预想到自己的未来，可以看到自己每一年的上升趋势。这个可预知的未来很好，但缺乏了最宝贵的挑战。

其实对于陈默，宝洁跟奥美有一个共性。他在第一次去奥美面试的时候，是大学一个师姐介绍去的。同是学法律的他，觉得师姐进入奥美后，整个人的状态很好，虽然忙碌但是相当快乐，所以他决定去试试。

在去宝洁的时候，是大学一个师妹介绍的。同是学法律的师妹，毕业时也是因为受了陈默师哥转行的影响，于是去了宝洁。这很有意思，你的人生被其他人影响，之后你也影响了其他人的人生，再后来你影响的人也会反过来再影响你，真的很奇妙。

我不想把这说成人脉，因为人脉这个词被说得太多了。他们之间的影响很健康、很纯粹，没有功利的色彩。更像是几千公里以外的蝴蝶，扇动了一下翅膀，在这边就刮起了飓风。

前段时间，陈默跟一个在宝洁工作了十五六年，非常资深的一位市场总监吃饭，他们是特别好的朋友。这位市场总监要举家从广州搬到新加坡工作，吃饭时他问对方是什么因素让你心甘情愿地在宝洁工作这么久？因为她在宝洁算是数一数二的人才，很多公司都在向她伸出各种橄榄枝，这个世界最不缺乏的便是诱惑。

她说在这个公司最大的一个感触，就是这个公司是有地方讲理的，意思其实特别简单，她和这个公司有共同的价值观。

有两个判断原则是他们公司经常引用的，当你要决定一件事情做与不做的时候，你只需要去想两点：第一，当这件事情明天出现在报纸头条你还愿不愿意做这件事情？这帮你判断这件事情如果被公开之后，是不是一件能够被社会大众接受的事情。第二，如果今天不是你，而是你的亲生子女，你愿不愿意让他去做这件事情？有时候我们会给自己找借口，自己冒一点风险没有关系，但是人都不愿意自己的孩子冒任何风险，如果你认为你不会愿意让你的孩子去做，那么你今天就不要做。

这样的判断标准非常有意思，它没有告诉你一二三可以做，四五六不可以做。它告诉我们的是一个原理，而借由这个原理可以判断出所有的行为趋向，这让你的判断变得更直接。你不需要背公司的行为规章守则，你只需要用这两个原则去判断，正确工作就变得更简单。

听到这些的时候，我突然想告诉自己，做一些事情的时候，最好不要抱着投机的心态，投机都是短视的。带着一颗善良的心做人做事，或许有些人和事对你很多年都没有影响，没关系，谁又会知道这些事情会不会在若干年后的某一天，再回馈到你的身上呢？

老人常说，好人一定有好报，我信。

《职来职往》第一年，帮助200多名求职者找到了工作。这个节目没有收过一分钱报名费，但是想想看，如果我们有幸生存5年的话，至少应该有1000个求职者在这里拿走工作，他们供职于各行各业，谁又能知道，这1000多人不会出现一个人，用他的努力和智慧，改变我们这个世界呢？

世界上，最有希望的，就是“不知道”这三个字。

所以请珍惜你周围的人，善待他们，对他们好一点，别功利地对待他们。

以前陈默的团队里有一个同事，是陈默的直接下属，却比陈默年长快10岁，她不太自信，不太敢在很多人面前讲话，她觉得自己已经三十五六岁了，不善言谈的问题困扰了她很久，她想要改变，却不知道该如何才能改变。

陈默就私下里找她谈话，跟她说，你在某个方面的优势，是这个团队的很多成员不可比拟的，这是你对团队的独特价值。因此你有一个特权，就是你不必在每个方面做到很好，你是你这个优势方面绝对的专家，我们选择忽略你自己觉得不足的地方，也请你忽略掉。后来她就放松了，在她擅长的领域中做得更好了，因为她放下了包袱。

每个人都不完美，每个人都有不足，这一点自己得明白，然后慢慢地放下在意自己的强弱，放下在意别人的强弱，只想怎么能让自己的优势发挥得更好。

毕竟，谁都有过 20 岁，谁也都会有 50 岁。

大学学的都没用吗

《职来职往》开播一年多了，我们在节目中经常看到一些非常好的同学在求职的时候，想求得一个跟自己的大学所学专业完全没有关系的职位。当然，我觉得这不是问题，每个人都有选择未来的权利。可为什么这种现象屡见不鲜，难道我们的大学教育真的没有意义吗？

我问过陈默这个问题，他学的是法律，却没做这行，做了五年半传播，又做了五年公关。但是法律专业，真的和他现在的工作没关系吗？他的专业有没有在他的工作中帮到他呢？

他告诉我，大学所学的法律专业，对他现在的工作绝对有着特别大的帮助。他在需要写法律文档明确权利义务关系时，会在很短的时间内把合同做出来。虽然都有合同模板，但是任何一个合同模板，都要被改动很多，因为工作范围是需要用法律语言去界定的。

之前有一个学力学的同学，到《职来职往》求职，人很老实、踏实稳重，想做程序员。很多人可能觉得，他学的专业和想要的工作，并没有直接关联，连他自己都这样认为。陈默当时跟他说，你想一想，《愤怒的小鸟》这个游戏，这应该不是一个普通的程序员能写出来的，那个程序员一定懂力学，为什么？因为那个小鸟飞出去的抛物线、加速度这些东西，是需要物理力学方面的专业知识的。所以当你有这种交融的时候，你可以比别人做得更好，更有优势。

很多做销售的人，可能学的是化工，因为不喜欢自己的专业，要去做销售。你有没有想过做一个化工领域的销售？这样会不会让你的工作起步变得更容易？有没有可能在未来，你比别人走得更快、走得更远？

其实，任何花时间学的东西，都不会被浪费掉，但是怎么用是非常重要的事情。就像现在做公关的陈默，还会用到很多以前学到的法律知识。判断一件事该不该做，判断什么事是不合法的，至少，他可能成为一个最懂法律的公关总监。

他说他很敏感，一是对语言特别敏感，可以特别清晰地感受出对方语言当中，用这个词和用那个词之间的差异，从而判断出对方的情绪。二是对人与人之间的关系很敏感，在跟合作伙伴开会的时候，进到一个会议室里面，大概不出 5 分钟的时间，谁和谁是什么样的关系，是上下级，是友好还是对立他都能感受出来。

这和学法律也有关系。因为念法律的时候，你要看清语言背后的事实。学法律还会学到证据学，他们念过法医，念过很多跟事实以及事实背后的证据有关的学科，所有这些都会给人带来一个符合逻辑的判断结果。

而且专业还教会他，选择忽略一些东西，不在乎不代表不知道，这个很重要。有些初入职场的年轻人，特别希望周围的人可以尽快喜欢他，于是选择没有立场、没有判断、不敢说真话，为的是不得罪人，这其实是职场当中的大忌。

宝洁有一个传统是内部提拔，所以宝洁95%以上的员工，都是当年通过校园招聘进入公司的。可宝洁又是家国际大型企业，是全球最大的快消品公司之一，怎样才能更好更快地融入这个团队？

当然，要尽快了解公司庞大的系统，思考怎么能在这样一个全球的环境当中迅速地找准自己的位置，用多长时间寻找？这就像上面说到的，跟自己的所学专业挂钩，或许能帮到自己。

不光对于职场新人，对陈默这个当时已经有了五年半工作经验的职场人，也是这样。关键时候，大学期间训练了四年的逻辑思维能力又能显现功用。

他到宝洁以后和团队伙伴一起做了几件事情。第一件事情，就是重新审视并定义了公关的范畴。以前公关可能只是做媒体关系等，后来他们把很多事情融入公关领域中。比如说网络营销，五年前网络已经非常热了，所以他们把网络的传播也纳入公关的体系中。这在宝洁全球都被认作是成功经典的案例，这是从中国开始的，从他们的团队开始的。

他在团队内设立了宝洁中国，甚至是宝洁亚洲第一个网络公关经理，然后设立了宝洁第一个校园公关关系经理，因为大学校园对快消品公司是非常重要的。他们会有专人去做校园关系，所有的这些都是作为公司员工，为公司思考，站在公司的角度去做创新。

有时候，在大学的积累作用于后来的工作上，不是直接来自于本专业，也会间接来自于这种积累。陈默还跟我说过一件事，他从他以前带的一个实习生身上都能学到东西。

以前他的部门有一个实习生，学广告的，但是对电脑方面一直很有兴趣，很愿意去钻研。一天他们在开会，用投影仪，要对屏幕上的表格进行讨论，那个实习生用他的笔记本电脑在放投影。当时讨论的时间特别长，但是这个实习生想同时用自己的电脑干别的事儿，可能要做其他的文件。陈默就发现他真的同时在电脑上做其他的事情，但是屏幕就定格在这儿，后来他就观察了下是怎么弄的。原来这个实习生用了投影仪遥控器上的一个定格键，把屏幕定格在了这个画面上，电脑的屏幕显示就不再影响大屏幕上的投影了。虽然陈默对电脑也很在行，虽然也知道投影仪上有这个键，但是他没有去多想一步，而是那个年轻人掌握了这个特巧妙的办法。

这是一件特小的事儿，但是你从这件小事儿上，就会知道有很多东西你其实并没那么深入地了解，有些聪明人，其实他是一个有心人，一个对专业有心的人。

写到这里，我给陈默发了条微信，跟他说，我刚刚把他的部分写完了。他说，他今天很幸福，不光因为可以通过这些文字，把他的一些感受分享给大家，还因为，今天，刚好是他进入职场的10周年。

此时，他正在美国辛辛那提，代表宝洁亚太区参加总部的一次重要会议，议题是设计对外事务部的未来10年的架构与策略，会议持续长达8周。与会的10位同事，来自宝洁的全球各个重要地区及业务单元，而他是会上唯一一位黑头发、黄皮肤的亚洲人。

还有几个星期，他将32周岁。

他可以做到，看这些文字的你，也可以。

陈默有时也很贫

默：李响，你是这个节目最重要的人，你串联了我们18种思维。

响：拉倒吧。李响不值钱，值钱的是你们18张嘴。

默：我们是圣斗士，你是雅典娜。

响：不是。

默：特别形象，大家都为你而战斗。

响：我是男的！

默：我这个比喻真是对的，一开始我们都是青铜圣斗士，随着一步步战斗，我们成了白银圣斗士，再后来成了黄金圣斗士，我们可能被神化了，但你永远都是雅典娜。

刘希平：

他的白发更像是故意染的

希平老师来到《职来职往》已经半年多了，第一次听导演介绍他的时候，我的印象比较模糊。我不熟悉万博宣伟这家公司，对于万博宣伟中国区董事长刘希平先生，更加不了解，但听说他在江湖上德高望重，我想总要礼貌地打个招呼，况且，每一位第一次来节目的新达人，我都要在节目录影前先拜访一下。

他来自台湾地区。初次见他，我觉得他是一个很和善的人，后来我发现我的好多朋友都认识他，李艾认识 David（希平老师的英文名）、阿雅认识 David，说到他，出现频率最高的形容词是：善良、热心、优雅、可爱。

这几个词很难一起浓缩在一个人身上，这样的人貌似完美、没有缺点。我问过他是不是觉得自己没有缺点，他哈哈大笑，说他缺点可多了呢，但是他尽力不让自己的缺点影响到工作，不让缺点给朋友们带来厌恶感。

他希望对待生活和事业，自己是感恩的。

刘希平老师说，他觉得他所有的工作都是在跟人打交道，其实每个人，不管是在什么行业，他们的工作也都是在跟人打交道。即便被描述成最不会和人沟通的乔布斯，也在不断研究每个人对电子工业产品的需求，才能给人类贡献那么多的“艺术品”。

人与人之间都存在着依赖，被一根根看不见的线牵着。如果人不想孤独存在于这个世界，就不要亲手剪断心与心之间的牵连。

所以他一直说，从开始到现在，他只在做着两件事：

一个是结缘，一个是感恩。

他真的感觉自己一直在做这两件事，认识不同的人，也被不同的人认识。

在机场高唱《时刻准备着》

刘希平是个很爱交朋友的人，从来都是。

20 出头大学毕业后，他的第一份工作是在台湾桃园机场做地面服务人员，在值机柜台。就像我们每次去机场要先到柜台换领登机牌，他就负责给旅客发放登机牌，还要询问旅客有几件行李办托运手续，座位是靠过道还是靠窗，需不需要吸烟（以前的飞机上是可以吸烟的），他说在机场时做得挺愉快的。

就是因为这份工作，他曾经几次面对面，看到我的偶像刘德华，他帮刘德华办手续，那时刘德华还没那么有名，很害羞。还有梅艳芳、成龙、张学友、周华健等人，他全都见过。

给他印象最深的其实不是这些，有些小事让他一直记到现在。

在机场做事，会遇到各个国家、形形色色的人，也有可能跟有些人成为朋友，尤其对爱交朋友的刘希平来说更是如此。有次他认识了一个外国朋友，彼此印象都很好，那个朋友进安检之前就对他说欢迎他去他们国家玩儿。他就跟那个朋友说好，说可能几月几日哪一班到。

航空公司的员工坐飞机是有免费票的，每年不多，是作为公司福利给员工的。但这个免费票不能订位，哪一天哪一班飞机票没卖完，有空座位，免费票才可以使用，没有空座位就不能搭。但他们天天都可以查机，提前知道再过几天哪个班机很空，可以去搭。结果那天临飞前很不巧，三班从台北飞那个国家的飞机，有一班突然出故障了，只剩下两班，结果出故障的那班上所有的人都被塞到另外两班，这样拿免票的就上不了了。

所以，他比约好的日期迟到了一天。第二天，他一出机场，居然看到那个陌生朋友在机场出口等他。那时候没有手机、传呼机，什么都没有，所以刘希平没办法联络到他，可人家就在机场等，他问你怎么还在等我？那个朋友说“我就在想，是不是航班出了状况，你会不会还是会过来，可能是晚一天”，于是，就在机场等了一通宵。

现在我们一直在强调，我们应该坚守传统的价值观。有很多传统的价值观，在现代社会变成了罕见的珍宝，这个故事也带出了一个传统价值观，是什么？是守信、是践诺。有个成语叫一诺千金，讲的就是守信的可贵。

他说他在机场认识了很多不同的人，那时候看到很多人飞来飞去，他很羡慕：那些商务旅客，可能都是成功人士吧。到现在，他也成了当年自己眼中的商务旅客。

那时他在工作中、生活中有很多好朋友，他也很有心地照顾朋友们。比如哪里的桃子现在是丰收季节，哪里的柿子现在特好吃，他就请去那边的朋友顺便带些回来，让带的人拿走一些，其他的分给同事和朋友。他说这样做从来不是为了利益，也不是金钱的交易关系，仨瓜俩枣能值几个钱？但你这样做了，同事和朋友会觉得你很把他们放在心上，觉得你对人很真，你也不图他们什么，就更愿意也这样用心对你。

在值机柜台工作了五年，之后他到了航空总公司。在总公司做推广工作，跟他现在的工作比较类似。所以，有的时候他会跟年轻人说，他二十七八岁还在机场给人换登机牌，但有一点是蛮重要的，就是一定要做好准备。当机会来临时你才能抓得住，否则的话，机会来了你都抓不住。

记得蔡康永在他的书里说过，15 岁觉得游泳难，放弃游泳，到 18 岁遇到一个你喜欢的人约你去游泳，你只好说“我不会耶”。18 岁觉得英文难，放弃英文，28 岁出现一个很棒但要会英文的工作，你只好说“我不会耶”。

我想再延伸一下，如果你 28 岁的时候看到这句话，一想，唉，我已经这么大了，学了也没用，继续放弃，到你 48 岁的时候又出现一个机遇，你就只能说“我好后悔耶”。

当时的刘希平英语水平不错，他的英语一直很好。工作到第五年的时候，机会出现了。他刚进华航时，有一个给他们新员工做培训的老师，觉得他还蛮聪明的，五年后老师升任总部一个科的科长，那个科新成立需要招人，老师记得他挺灵光的，而且英语也很好，就把他调过去了。

他说如果当时他的英文不够好，老师要把他调过去，他都不敢去，这就是准备好才能抓住机会。大公司就是这样，分工分得很细，员工像是螺丝一样，很难看得到公司全貌。公司哪个部件需要什么螺丝，什么螺丝才能被配到相应的位置上。

开始做推广后，由于英文不错，本部门有时要为董事长、总经理写英文信，都交由他来完成。有一次华航出了个比较大的事故，推广部门要做危机处理，过程中需要请国外的顾问，他就负责跟国外顾问联系。这个国外顾问是一家公关公司的，做完这个项目之后，这个公关公司的台湾地区分公司缺人，就想到了刘希平，把他挖了去，就这样，刘希平结束了十年航空公司的工作经历，开始了自己的公关生涯。

这是个很好的机会，他的薪水涨了百分之百。他依然机灵，依然爱交朋友，依然对朋友很好，依然英文很好，所以他在公关公司做得非常好。

那时他要单独负责一些给客户的提案，虽然经验不足，但是他会找时间问资深同事和上属的意见，问这样处理好不好，他很虚心，完全是请教的姿态，做事的时候，第一次做就争取做到最好。

年轻人刚进一家公司，上属可能会挑东拣西，说你这个没做好，那个没做好。如果这时你觉得自己被打击了，下次就不很上心去做，总觉得上属反正会改，这种心态其实上属会看得出来，他会觉得你不认真，那你将来的机会也会变少，所以还是应该第一次就尽力做到尽善尽美。

进新公司一两周后，他就立即面临一个任务，是他原来在航空公司从没有做过的。之前在航空公司是讲普通话，英文只在跟外国人交流时才会用到，而这一次是要给一个外国客户作报告，说他们现在有个活动，要见哪些媒体，见媒体时客户要怎么说，等等。报告完全都用英文做。

虽然他英文很好，但这对他来说还是一个挑战，毕竟英文口语和英文正规文书差距很大，所以他很紧张。怎么办？只能尽全力把准备工作做到位。他把所有该讲的写出来，一遍一遍地请英文专业人士修改，再找精通英语演讲的人士挑刺儿，然后全背下来，回家自己演练，演练得比较熟悉了，作报告时心里就有了底气。到了那天，客户听完他的汇报后说，这次作的汇报是自己听过的最好的。

这是他进公关行业的第一次挑战，也是第一次得到宝贵经验。什么事儿，用什么语言，面对谁讲，首先自己别害怕，反正只有一个选择，加倍努力，把准备做到不能再好。在准备的过程中，要敢于否定自己，敢于推倒重来，注意办事效率，别怕麻烦。这样什么大事儿来了，都不会怕。

那个公司其实很小，他虽然是分公司经理，但连他也就四五个人，有几个客户只找他，为什么只找他？因为那些客户都是跟航空公司有关的，波音、联邦快递什么的，他的背景很合适，人家慢慢发觉这个人，打交道的能力还挺不错，他又跟所有媒体的关系都很好，又熟悉航空公司的工作，就都很信任他。在小公司的他，在公关的大圈子里开始慢慢小有名气。

边看《北爱》边喝红酒边把钱挣了

希平老师有一个很好玩儿的交友法则，这点我们俩有点类似。

他是这样交朋友的，把好朋友介绍给新的好朋友，慢慢地，这个好朋友圈子会越来越大，为什么？因为你的好朋友会觉得，你的朋友都不错，你身边都是很好的人，你不会把不好的人介绍给我认识，那么你应该也是个很好的人。而且希平老师还会注意，让脾气性格比较合的人互相认识。渐渐地，他的朋友圈子就越来越大。

当然这个法则是指朋友和朋友之间，这也是我习惯的思维方式，如何对一个陌生人的品性进行判断，这个陌生人如果是我通过朋友认识的，那我就会看他身边的朋友是否认可这个人，如果他身边的朋友都认可这个人，那我对这个人的好感会倍增。

发现这个法则时，刘希平在公关公司做了两年，开始得到圈内认可。

那时候，他在公关界的一个朋友，请他去参与一个名人的个人品牌打造的项目。这跟他在那家小的公关公司平常面对的工作很不一样：大家每天要参加很多的活动，见很多的人，面对很多的媒体访问，这些事情他们都得规划得很好。还要应对很多突发状况，比如要掌握新闻话题，早上起来看到报纸的报道如果有不利，就要立刻想出对策，下午马上要执行出去，步骤非常快，跟原来的格局完全不一样。

以前他的团队只有四五个人，但在这个项目中，有时一天要跟几十人合作。这让他知道一个人是成不了大事的，一定要一群人才能成大事。要学会怎么沟通，要相信伙伴，要学会授权，要学会怎么跟意见不合的人共事。大家最终目标是共同的，只不过每个人做事方式不同。这对他的提升是很重要的。

对于现在很多年轻的朋友来说，时代要求我们张扬个性，但不是以自我为中心。大多数年轻人都是独生子女，成长的过程中可能有三四个家庭照顾自己，关键时刻容易只想自己。其实，要成大事，真的要会设身处地地替他人着想。

这也是做这个项目时，刘希平的老板给他的启发。

他的老板是一个女老板，见多识广，她找到他请他加入的时候，他说一定能够帮到老板。过了一阵子，老板就问刘希平，对公司目前的工作有什么想法和意见。刘希平后来想起这类谈话，觉得老板是可以被叫做海纳百川的那种人，她什么聪明人没见过？奥斯卡奖得主都见过，和她经历过的那些人比，他的见识差很多，但她很虚心地听自己的意见，也不当即作过多的评论。但后来他就看到，他提的一些建议，她都知道，只是在那个时候做不了。

很简单的一件事情，刘希平说，我们办公室真是太脏乱了，应该清一清。她说对啊，这里真的是很脏很乱要清理，但是永远没有时间去清理，因为她太忙了。事情多简单，清理办公室有什么难的，可就是没时间。但像这种小事，她会听你说，也不会批评你，慢慢地你就知道她什么都懂，知道怎么做，但她就是想多听听伙伴的建议，而且不会有任何看不起你。

看到这里，有的朋友可能会问，这累不累啊？这每天又要忙工作，又要照顾每个人的情绪，压力得多大啊？

没错，压力很大，但是这个老板有办法。她一天最多可能要见四十几拨人，不能想象有多忙，她在车上能睡就睡，回到办公室，要听团队作报告，然后等她作决定，但她在听报告之前几分钟可能会说，我昨天碰见谁了，拿了一个什么包，怎么怎么样，好像好莱坞哪个女明星就是拿这个牌子的包……

这是怎么回事？她在疏解她的压力，女人讲这类事时是很开心的，她用这种话题转移一下自己的注意力，缓解一下压力，她讲个几分钟，再跟你谈正事。所以，后来刘希平也就学到，该怎么去缓解压力，不是一定要怎么样，是你得找到干点什么能让你在那个时候稍稍放松一下。

后来他在工作的时候，压力越来越大，他就开始养花，他很喜欢百合花，就把花养在他办公桌身后的窗前，每天坐久了，站起来几分钟帮花换水，修剪根部，就几分钟，但做这个动作会让他觉得舒服。

所以现在在万博宣伟，员工在电脑前面坐久了，吃个零食，上 QQ 聊个天，看集《北爱》，他从来不会说什么。有的员工，加班加到十一二点是常有的事，他们怎么缓解压力？好，加班，走，去买瓶红酒，回来一边喝红酒，一边加班，他都觉得 OK，反正他自己也喜欢喝酒。他觉得如果工作时一直持续紧绷着，人的神经会像橡皮筋一样断掉，职场人要学会调节自己。

公关公司不准跑

在海纳百川的老板身边待久了，还让刘希平开始重新重视一些中华民族的传统观念。接下来的文字，可能有人会觉得这不是太保守了吗？职场事实可以证明，老祖宗传下来的有些东西，还真是宝贝。

老板是女性，是一位比较优雅的女性，刘希平和老板一起过马路，他自觉地走在外面，这是从西方世界舶来的礼仪。他们要过红绿灯，前面绿灯在闪了，一般人会三步并作两步冲过去对不对？但女老板就站在原地不动了，为什么不跑？一般人不这么做吧？老板说了，女人在大街上跑怎么像话？跑过去了，头发跟触了电似的，裙子万一开了花儿，一抬头，恰巧本来对你印象很好的一客户站在面前，本能反应也就笑笑吧？万一他本来对你有点不信任，看你过个马路这么狼狈，会想这人办事靠谱吗？再说了，淑女是不应该让别人看到在大街上跑的。

也许大多数人会觉得，矫情了吧？不，在公关界，没有俊和丑之分，只有风范和狼狈之差。优秀的公关，衣着不一定要贵但要讲究，谈吐不一定要博学但要优雅，因为你的气质代表你们公司做事的品质。

有次在《职来职往》上，一个女孩穿很高的高跟鞋，应聘活动执行，有的达人说，干活动执行你穿一这么高的跟，有点急事儿你都没法儿第一时间赶到，劝她放弃高跟鞋。后来，那姑娘整体表现得很好，被万博宣伟招走了。全场成功音乐响起时，我说了一句："恭喜你拿到工作！更重要的，你可以继续穿这么高的跟了，因为万博宣伟，是一家不准跑的公司！"

这是真的。因为当年深受老板的影响，现在的刘总，都会跟他所有的同事讲，不管是男的女的，大家在办活动时，绝对不要跑，为什么？第一，外人看了觉得你比较浮；第二，尤其在帮客户做事时，被人家看到你跑来跑去，人家会紧张，是不是出什么事了？其实跑步跟走过去，差不了几秒，尤其是公关活动，他会在公司强调，尽量要有风范。

希平老师还跟我讲到品位。他说人得有品位，还是说起那位女老板。有一天在公司，她的丝袜大腿部位破了一个小洞，她如坐针毡，一定要立即去买一双新的，换了以后，她才能继续上班。这已经是习惯了，因为他们每天什么人都要接触，上至政府首脑、亿万富翁，下到行政前台、初级文员，得给所有人始终如一的品位印象，别人看到你是个有品位、很得体的人，会反作用于你，让你举手投足更加淡定。现在的刘希平也是这样，衣服上有一点脏，都怕被别人看到，他会觉得不行，这个难受，太难受了。

人跟人之间，看上去差别不大，关键在于一些细节。细节都到位了，自然就能淡定很多，自然就会越来越不怵，再大的场面也都能 hold 住。他在很多时候会跟年轻人讲，不要不敢出来见人，要出来多见，多见你就不怵。对方一身衣服可能上万，你的只有几百块，没关系，我和你一样干干净净、整整齐齐，除了布料不一样，不过没人会上来就摸你这什么料子的啊，颜色什么的没大差别，我的色彩搭配可能比你的还舒服，大家就聊呗。大不了你知道的一些我不清楚，那你还比我年龄大那么多呢。慢慢地你会变得很淡定，再碰到事儿的时候，就不容易慌。

就像打羽毛球，希平老师很喜欢打羽毛球，碰到哪个世界冠军他都不怵，奥运冠军他都输过，还怕输给谁？年轻人多见一点世面好，别怕丢脸，谁都丢过脸，不丢脸怎么能学会。

比如他年轻的时候，陪外国客户吃饭，没听说过西餐还有用餐的礼仪。怎么用得了那么多刀和叉，洗时多浪费水啊？怎么有的在里面，有的放外面？不会没关系，看人家怎么用的，哦，原来第一次用最外面的，原来这样摆刀叉表示你吃完了，座位怎么坐，女士坐哪儿，客人坐哪儿。就这样，慢慢见过，你才能学会。

很多小事情，可能要自己多一点经历，才知道在不同的环境下怎么与不同的人相处。新人刚进职场不会讲话，碰到一些人，有的可能职位比你高很多，你可以先不出声，可以静静地去看、去听、去学。所以，他在《职来职往》也讲，有时候公关公司选人，并不是看你成绩是不是最好的，是看你有没有参加很多课外活动，实习的多不多，你接触的越多，学的东西才越多。

已经越来越成熟的刘希平，学会了判断自己该做什么，也学会了判断老板想让他做什么。跟着这位老板做了两年后，他的薪水已经比在航空公司时高很多，可他们提供个人品牌服务的对象，已经不需要他们继续原来的工作了。他知道这个老板那么好，他自己做得又不错，老板肯定不会主动开口叫他走，但是他知道，阶段性的工作结束了，他就该走了，人要有自知之明，别等到人家让你走，你才走，那就很难堪了。

于是，30 几岁的人又要重新开始找工作。那时他觉得作为中国人，自己一定要留在大中华地区才有发展优势，要是把自己弄到美国去，自己完全不懂那边的文化，又不是林书豪，不可能有很好的发展。他那时就分析，祖国大陆应该是世界经济格局的未来，至少是亚太地区的火车头，他觉得要去了解这个市场，熟悉了，将来自己就比很多港澳台同胞更有优势，正好北京有一个工作机会，于是他就进京了。

忘掉牛肉面，改吃炸酱面

台北到北京，1700 多公里。

刚到北京的时候，是 1999 年，刘希平有各种不适应。就说吃，他是个很好吃的人，比如说台湾牛肉面特出名吧，那是好多台北人的最爱，可跟兰州牛肉面完全不一样。台湾牛肉面是那样，一个大锅里面全是牛骨，煮在边上，一天 24 小时不停地翻滚（北京没有，可能觉得废柴火吧）。先煮面条，捞起，过道冷水再沥干，大锅里舀牛肉汤淋在面条上，牛肉用的是有嚼劲儿的腱子肉，切成四方肉块，油锅爆炒，再炖上半天，完了浇在面上。中国的智慧，千古的美味！你看，牛肉面与炸酱面，差俩字，差别大了。差 1700 多公里呢。

有一次，他发高烧，烧得浑身发冷，一直抖，就想吃碗牛肉面发发汗。他在家旁边，找到一个餐厅，看见外面写着“牛肉面”，进去就说来碗牛肉面，只见厨师从冷柜里拿了一碗牛肉出来，加一点开水把它泡开了，面煮好放进去，上桌了。

啊？！搁谁谁都傻眼，刘老师啊，或许您不观摩制作的过程，心情还能好些吧？他吃了一口，想想还是算了，不如出去找个 7-11，买碗关东煮吃吧，他就跟人打听哪儿有 7-11？问了几个人都说没听过，倒是有个大妈特热心地说：听说往东一站地，开了个 ATM，你看看去吧。

就这样，他慢慢开始了北京的生活。

他一直跟人家讲，人和环境有三种相处方式：适应它、改造它、逃避它。他就是这样，到了一个新环境，他一定先去适应，然后慢慢可以去改造这个环境来适应自己，最后变成人和环境相处得很好。如果既不能改造它，也不能适应它，那就只能逃避它，去别的地方吧。

到了一个新环境，会很想原来的那些朋友，想跟和他们差不多的人在一起，想和老乡待一块儿。但他那时没这样，那时在北京的台北人也不多，也不知道去哪找，要在北京认识台北人不容易。他交的新朋友都是本地人，慢慢地，他发现，如果人到了一个新地方，还是天天下了班和老乡泡在一起，8 小时外不去跟本地人来往，又怎么了解这座城市？怎么了解这座城市的文化？更何谈去适应它。

接下来要适应工作了。对于要做的工作，他会了解得很透彻。刚来的时候，他的职位不是最基层的，因为他已经很有经验了，但是不同的市场，也有很大差别。比如说报价，要做名片，一盒名片的价格是多少；要做活动，一盏照明灯租金多少；这个场地跟那个场地差多少；摄影师一天多少钱，应该去请哪些媒体，哪个版面，哪个记者写得好，等等。

这些细节都要掌控，因为他得掌控预算，北京的市场行情全都得知道，这样你就不会被别人忽悠。有些供应商一听他的口音，给他报个高价，他说不可能，这价格我知道，上次谁谁这个用的是多少钱，对方一听，这个外地人蒙不了，比本地人还清楚，下次生意就规矩了。

这样也不怕任何人临时撂挑子，有些素质不高的合作伙伴，说没这个价我不干了，要干你自己干！好，就自己干，他马上能找到其他人，临时找不到，自己懂，自己也能接手。身边的人一看老板这么懂行，不是只会叉着腰嚷嚷，就会更信服他。

他说现在有些年轻人是速食文化，什么意思呢？就是学得很浅、不扎实，这样就很容易被人制约。

很多事情他到现在都会记得，觉得有用的，一辈子都记得。刚学做公关时，二十七八岁，向那个从航空公司挖他走的外国顾问学，那时在华航，外国顾问就教他，不管是个人或是企业，培养一个品牌的信誉，很简单的一个原则，就是你说的、跟你做的、跟你外表看上去的，一定要一致，这样才能建立真正的信誉。

比如奔驰，可能代表尊贵；宝马，可能代表动力。你看到它的LOGO，就知道它的品质，这是长时间的专注建立起来的。比如在一家奢侈品牌的店里，环境特好，它里面卖一个假包，你买了都觉得它是真的。拿一个真包在秀水卖，你怎么都觉得它是假的。为什么？因为环境是什么样，就会让它看起来是什么样，所以外表跟内在看起来要一致。

就像在当学生的时候，宿舍里有的同学会说，我家里很有钱，可他从来不请客。只会说却不做，就没人会信他。企业里也是这样，如果当老板的老是说“我们要以客为尊，客人是最重要的”，可他对员工奖惩不分明，任人唯亲，员工就会想，你要以客户为尊，却不尊重我们的劳动，“以客为尊”关我什么事？你的话别人不相信，这也是在建立信誉的过程中要注意的问题。

他还说过一个有趣的例子。以前他家里养狗，那狗超喜欢他，其实狗是他母亲买的，跟他母亲待的时间比跟他长，但是后来跟他感情最好，为什么？狗有一个特性，它记性好，记得谁骗过它。那只狗到他们家时还小，随地小便，教过它认厕所，它有时候还是会犯错。刘希平一回家看到了就“嗯”一声，小狗很怕，便跑到椅子下边躲起来，他就对它说，出来我带你出去玩儿，它就跑出来了。这时候一般人看到小狗一出来就抓住它打它，但他就真的带小狗出去玩儿。玩后回家抱着小狗，到刚才小便的地方，说怎么在这儿小便，再打它一下。但他从来不会骗小狗，狗也就特别信任他，很亲他，很听他的话。

人对小动物都是这样，何况面对自己的同类呢？你明一套暗一套，以为同事当面不说就是不知道，其实人的聪明才智是一样的，不要以为自己比别人聪明。林肯说过，你可以短时间地欺骗所有人，或者长时间地欺骗部分人，但你不可能长时间地欺骗所有人。

一个人的信誉建立起来是很不容易的，但毁掉它很简单。

做个有自知的 Lady Gaga

我跟希平老师闲来探讨过一个问题，很多年轻人都想结识成功人士。这种想法对吗？

他感觉，其实你去认识一个比你强大太多的人是没有用的，完全没有用。

首先要看那人是不是喜欢交朋友，像他的朋友里90后都有，但很多人不是这样。

有些人，更愿意把时间花在更重要的人身上，这些人你认识也没有用，一面之缘貌似很好听，但同义词也就是点头之交。他一直觉得两个人一起共同成长的交情才是最紧密的，比如说有个娱乐圈的风云人物，成百上千的人跟他都是朋友，但其中只有一些跟他是真的很好的关系。因为20年前，这位风云人物还是个编辑的时候，那些朋友可能是个摄影助理、广告业务员、司机。20年前，他们的确是因工作而认识，但在这20年里，他们一起成长、一起吃苦，直到有了今天的成就，那个关系才是铁得不得了。

人与人的情感，是要长期经营的，除非是运气，两人就是看对眼儿了，认识没几天，就掏心窝子地交往。但这种机遇很小，即便你遇到这种机遇，之后的时间还是要认真对待每一个朋友。

其实，我们跟一个陌生人交往，无论是在办公室还是在餐桌上，你都要问问自己凭什么。认识领导，认识名人，凭什么对方让我们认识他？人的内心，多多少少会生出一些这样的疑问。

吃个饭、唱个歌、合个影，没什么用。因为在职场中常常会有这种现象，有些人可能碰到好几次，永远不记得他是谁，即使在很多场合碰到过他，每次都热情地打招呼，那只是觉得这个人脸熟，但是他是谁就是记不住。

我的很多朋友也都和刘希平老师是朋友，他们也都和我一样，觉得他这个人很有趣，对任何人都没有架子，很随和，很热心地帮助朋友。在自己公司的年会上，身为最大的老板，可以表演节目，而且扮的是

Lady Gaga。

我问过他，说你怎么想的啊？怎么那么敢啊？

他说你以为扮 Lady Gaga 那么好玩儿吗？我为什么要做这个？我想娱乐我的同事，大家辛苦一年了，那个晚上是用来庆功的、用来彻底放松的，不要那些走过场不情愿而为之的所谓节目，我就是要做一些不一样的！平时大家都觉得自己很有创意，今天我也创意一次给你们看。你想，连全公司最高领导都这样用心了，其他员工怎么会不全情投入？

我知道有很多人都羡慕希平老师的生活态度，觉得他是时时刻刻在做自己。

他也常听到朋友这样讲，有的朋友说看他的微博，虽然不评论，但他真的在影响他们。他就跟朋友说，这样会让他有一点小成就感。他觉得，如果他在生活和工作中的乐观能影响到 100 个朋友，这 100 个朋友又会去影响另外 100 个人，这样下去，这个世界不得了了，他也可以拿诺贝尔和平奖了。

人做任何事都要自然，不要刻意，因为如果刻意要干什么，人家一定会看得出来，就知道你是装的，既然装那大家就都一起装呗，就不可能跟你交心。当然，为了跟某一个行业的人聊天，肯定要先加强一下对这个行业的了解，要有共同语言，但这并不是很快地看两眼，好了，咱俩聊吧，那只会越聊越无聊。

就算学也要天天学，与时俱进这个词儿要做到真的挺需要努力。很多人觉得他已经很好了，就不去学新的东西。希平老师很得意的一件事就是，他看上去要比他的实际年龄有活力："别人说我为什么好像那么年轻？因为我一直吸收些新东西，很多年前，QQ 刚出来，我就学着用了，那会儿都会发一些符号，我不懂什么意思，我就去问，教我的同事都比我小二三十岁。后来开心网、博客、微博，我都是第一拨玩儿的。你要随时有好奇心去学一些新的东西，这个很重要，保证你不落伍。”

希平老师说，年轻人如果只会交际，没有本事，是没有用的。就像他是做公关的，在这一行 20 多年，他说他至少有一个本事，为企业做好公关，帮企业做好形象。

每个人都喜欢真实的人，每个人都讨厌装的人，你是什么样子，就是什么样子。适当地装饰自己，那叫自爱；过分地掩饰自己，那就只能是自残。

天才和自尊，谁会胜出

谁都不希望被忽视，可谁都不愿意经常问问自己，我有没有忽视他人？

因为工作的关系，刘希平经常会约人吃饭，有时不只是两三个人，会是很多人聚会。而往往人数越多的聚会，约起来越费神，要确保每个人都得到消息，确保每个人都知道怎么到目的地，确保大家到达的时间是差不多的。

所以，每次他要把很多人约在一起，就要不厌其烦地问，下礼拜六好不好？你有没有空？不确定啊，那我们就先约下好不好？到了周五，他会再确认一下谁能来谁不能来。对，就是这么繁琐。但他会把这看做一种细致，一种职场上不可忽略的细致。

他有个多年好友，是位公众人物，现在关系好到像一家人。但当初认识的时候，费尽周折。

有一次，他为了客户的事要找这个人，客户要拍一个短片，想找个笑起来很健康的名人来拍，正好这个人的发小跟刘希平是好友，就拜托打电话敲定此事。转天联系好了，他要自己打给这个名人了。

他说您好，我是万博宣伟的刘希平，你现在方不方便讲话?

对方说不行，现在要去吃饭。

那什么时间方便?

这样吧，我明天会坐车到上海，到上海后大概 12 点，那时你给我打吧。

第二天，又打给对方，对方又说正在和人吃饭，饭后再打吧。这人怎么这么爱吃饭?

下午又打过去，对方又说回北京再谈吧。

就这样，十几次推诿后，最后在北京终于把这件事搞定了，那次的合作效果非常好，之后的很多年，他们都保持着很好的合作关系。后来刘希平就开玩笑骂他，说当年你也未免太大牌了吧，你是名人不假，我也是一公司老板啊!

当时，他就是要把事情促成。

他当时没想算了吧，那么多人我干吗一定要找你? 因为他当时知道，对方一定是最合适的人选，他要把这件事做到尽量完美，只要有机会就尽量争取，除非真的不行，才不勉强。他常跟员工说，每个人都有自尊，但是自己的自尊在别人眼里什么都不是，谁的自尊心在自己心里都很了不起，你只有锲而不舍地把工作做得更好，你的自尊才会受到他人的重视。

同时，刘希平很喜欢看对方的好处、对方的正面，有时同事跟他抱怨，谁哪里不好，他就宽慰同事，其实那人还是有好的地方的，我们跟他共事，就尽量用他好的地方，不要老是想他不好的地方，这样你跟他相处，也会比较愉快。如果你老是看他坏的一面，他在你眼里就真的只是个坏人了。

就像说天才这个词儿，或许你是天才，或许你不是天才，今天你在自己的领域获奖无数，但明天突然把你送去非洲沙漠里，你可能连水都找不到。而在那时，那里的土著居民才是天才，你水都没得喝了，天才也会死吧。所谓的专家、天才，都是相对的，某人在对的地方对，在不对的地方就不对。所以，也许你瞧不上的同事，在你这儿他做得可能是不好，如果把他换到别的地儿，说不定会让你崇拜。

从小，他的家人就教育他，生活是很美好的，但并非天生如此，你的美好都是别人给的，所以，要想继续美好地生活，请懂得感恩。

夏骄阳：

做个好人就是做个好生意人

2011 年春天的一个下午，我刚录完《欢喜冤家》回到家，窝在沙发里想歇歇，打开手机看到一通未接来电，是李静姐打来的，静姐从没主动打电话给我，我很好奇，有什么事儿呢?

电话回过去，响了几声就听到那个特别温暖的声音：

“晌，我是静姐，这两天看到你的那档新节目《职来职往》，特别好，我们集团想去你们那儿招人，不知道能不能去？”

“好好，我马上问问节目组。”

“那行，我等你信儿。”

我马上给制作人打电话，通报了这个信息，那时候节目刚开播不久，受到的关注还不多，东方风行是一个既生产电视节目，又从事电子商务网站运营的公司，制作人觉得正好节目上缺少这类企业的达人，很快地就促成了这次合作。

一个星期后我们录影，我想在开始录影前见见东方风行的代表，就这样，我见到了夏骄阳。

面前的这个人留着小胡子，憨厚的一张脸带着精明的微笑，镜片后的一双小眼睛偶尔露出商人般的狡黠，我心里打鼓，这人不是来作秀的吧，我很讨厌在一些节目中作秀的人。

录完两天后，我们就成了朋友，只因一句话：“谁不愿意跟一个好人做朋友啊？”

夏骄阳来《职来职往》录的第一期节目中，最后一位求职者是一个能力一般但心地善良、给人印象非常好的女孩，最终她成功地拿到一份工作，在结尾的时候我说了这么一段话：一个年轻人的工作能力可以在工作中慢慢提升，但一个20多岁的人的心是很难“被阳光”、“被善良”的。这个世界不担心你是个笨小孩，这个世界在乎你是否是一个好心人，毕竟，谁不愿意跟一个好人做同事呢？

离场时我跟18位达人逐一握手，到老夏那儿的时候，我们紧紧地握了下手，他兴奋地对我说：“说得好！谁不愿意跟一个好人做同事呢？”

那一刻，我知道，我们是对的人，是可以成为哥们儿的人。对，哥们儿。在台上，老夏可能是唯一一个有文身的达人，可能是唯一一个把汽车停在车库、骑单车来录影的达人，可能是唯一一个卖过早点、做过酒保、现在掌管过亿生意的达人。

他才30多岁，但他的故事非常精彩，我已经迫不及待地要跟你聊聊他了。

将少年人生观进行到中年

现在的夏骄阳主管东方风行集团传媒业务的整体营销工作，几乎每个月都要飞到全国各地，见各种各样的合作伙伴、谈各种生意，一年有一个多亿的营业额在他的辖内完成。但令人想象不到的是，少年时代的老夏，是一个非常内向的人，内向到遇见生人完全说不出话来。那时的他，自然没有几个特别要好的朋友，只有一两个还只能算聊得来。

他念初中的时候，就已经在思考，以后自己要做一个什么样的人，那会儿，他可能不知道有个词儿叫“人生观”，但他一直思考的都和这个词儿有关。我跟他说，这太另类了，因为我和他差不多大，我们上初中那会儿，谁聊人生观呀？多傻呀！

他说他那时候真的会经常想，将来要成为一个什么样的人，要经历什么样的生活。

上初二的时候，他看上了班里的一个姑娘，那姑娘的爸爸是电影制片厂的美工。小时候，他喜欢画画，还想着初中毕业直接考美院附中，就隔三差五地利用向姑娘父亲学画画这个借口往人家姑娘家里跑。这真是个烂借口，人家教你画画，你还打人家闺女的主意，这也挺不厚道的。一年后，初中毕业了，画倒是有进步，但考美院附中落榜了，姑娘也看上别人了，他的世界就崩塌了，突然觉得自己的人生没有意义了，事业和爱情纷纷宣告终结，人生不就这两件事吗？瞬间就没有意义了，他就在家捂着被子整整哭了两天。

这个故事倒提醒我们，人要想活得有意义，首先不要想做不花钱就得手艺，又得老丈人的美事儿。

我这才想起问他，他在初中时的人生观是什么样的啊？他说，特别简单，就是做个自由又有价值的好人。啊？可学画画这事办得也不像好人该办的事儿啊。

接下来就又碰上更纠结的状况了。他中考的成绩本来是可以上普通高中的，因为偶然的原因，他的档案被错投去了一家职业高中，他去那所学校找相关领导，看能不能改变结果。到了那学校以后，发现学校是北京市美誉先进单位，有一个学生剧团，他的档案里写着他从小学就是文艺骨干分子，正好校长还在找他，校长说学校剧团每年在北京市的“春芽杯”艺术节都是拿金奖的，想吸收像他这样的人才。

等于两条路摆在他面前了：一条路，要回档案，上高中，准备以后考大学，可那个年代考大学真是千军万马过独木桥，他们家条件也不算优越；第二条路，在这儿上职高，还是校长钦点，两年后就能挣钱养活自己了，还能进剧团。是戏剧让他决定留在这所学校的，他打定主意在这儿了。他说那两年是他最快乐的时光。

两年的职高生活，让他成了剧团的风云人物，他帮学校在北京市拿了很多奖，他做美工、做导演，还做演员，竟然还当上了学生会主席，他觉得这个选择挺对路。估计这时候，他早忘了得好好感谢那位“准岳父”。

在职业高中学习得选专业，他都是学生会主席了，有绝对主动权。学校里有个专业是培养酒店调酒师的，他想调酒这个事儿挺艺术的，就选了这个专业。学了两年，进了家大酒店，顺理成章地成了四星级酒店的调酒师。那年，他 17 岁。

当时北京的高档酒店不像现在这么多，有专业调酒师的高档酒吧就更少了。调酒就像液体的绘画，他觉得这份工作很棒，就很上心地钻研业务，真的是特别认真努力，周末还跑到别的酒店，跟老外同行学技术，还托人家从国外给他带这方面的书回来。那是个充满好奇、刻苦学习的时代。

工作后，他的戏剧梦再一次萌动，他开始补习文化课，到处找渠道学习戏剧专业课。那一年他开始了报考中戏的征程，凭着年轻人的那股子冲劲，他坚持着梦想，他说每每憧憬到中戏的操场，想到剧场、想到舞台徐徐拉开的大幕，那都是无法言说的幸福。第一次报考拿到准考证的那天，这哥们儿兴奋地从东棉花胡同（中戏所在的地方）一路奔跑到天安门广场，仿佛那个充满奇幻魔力的新世界就要降临。后面的故事是那个世界并没有来，一连五年报考，五次落榜，直到超龄。他说后来两年去考已经不再是为了要考上中戏了，他喜欢那所学校，他可以在考前班辅导时坐在那个教室里，和一帮来自天南海北的考生全情投入地一起训练、编戏、做小品。那一刻整个世界都是美好的。

一次次落榜后，他又回到了最真实的生活，回到了吧台后面，开始一天天的工作。至今他认为他一生最大的缺憾就是没能真正体验过那充满青春浪漫的大学校园生活。

回到生活，继续工作。戏剧梦从舞台转换到观众席，看戏也是一种幸福。日复一日地工作，年轻人总是要找到向上的力量，他觉得自己只有职高的学历不行，得回炉再去上上学，就去学成人教育，学的还得是艺术范儿的专业，这个艺术小青年儿是彻底魔怔了，仗着些画画的底子，他在这个时期还学了室内设计。

人就是这样的，不读书不知道天地宽，读书读得多了，才发现很多事儿其实跟当初自己想的不一样。

慢慢地，他就发现，调酒师这个活儿似乎不需要动太多的脑子，没人会让你创作，需要的只是流行配方和礼貌的微笑，起码在他那时是这样的。每天的工作都被贴在墙上了，墙上贴一张工作流程单子，开列所有的工作内容：岗位职责是什么、每天几点上班、上班后有哪几件事，一直写到他下班，清清楚楚，这是一个管理体系，清楚得不能再清楚，照做就对了。

这份工作不用动脑子，还得天天穿一小马甲的制服，出售的只是微笑和标准的流程，而且酒店不允许留胡子。这个也受不了？现在来看，不就是一个胡子吗？但是在中国的年轻人狂热地追随崔健的年代，在老夏还是个小愤青的那个年代，留胡子，那是老夏的原则。他觉得不受人尊重，做了 6 年后，他想离开，人不能就这么下去了，这辈子打死也不想再干穿制服的工作了。

于是，他开始思考一个问题，什么是可以受人尊重的工作呢？

那个年代，优秀的调酒师最直接的转行就是去洋酒行，做正式的外企员工，做个生意人：每天穿西装、打领带，拎着个号箱，就是那种上面带密码的皮箱，两边一摁，“叭”就能弹开的那种，每天在各个酒店跟餐饮部经理、酒店总经理谈生意，组织各种酒文化的推广活动。他觉得这个挺有文化的，特体面，还能留胡子，而且比在酒店工作待遇好很多，平时打车报销的钱都比酒店工资高。他想干这个。辞了工作，脱掉马甲，他从酒店出来就去洋酒行工作了。

洋酒行的工作貌似风光，其实非常辛苦，而且远没有夏骄阳想象中的那么体面。他被酒行划分到负责酒店和夜店的推广销售，每天下午 4 点钟上班，管理着 30 来个员工，都是在夜店里促销酒的女孩。每天下午，在公司给她们开会，分配任务，开完会后，带着 30 个姑娘就直奔三里屯，姑娘们负责向客人推销酒，他负责在三里屯那条街上跟各家老板聊天、称兄道弟。

见识了各色社会人，他就被训练得会说话了，加上他性格很随和，在那条街上混的人都觉得这哥们儿挺不错。他还慢慢地挣了不少钱，基本工资就有 5000 多元，外加 2000 元交通补助，交际的开销还能报销，跟酒店的收入比起来是天壤之别，在 20 世纪 90 年代那可是真正的高薪了。

但是天天跟那些人喝酒、聊天，常常到夜里三四点钟才能回家，一觉睡到第二天下午再去公司，每天周而复始。就这样昼伏夜出了两年，人就瘦得不行了，当时的他连 100 斤都不到。

文艺被生活打趴下

夏骄阳的心里有个小文艺的情结，钱虽然有了，但自己瞧不上自己。在当时，他真的没别的办法，他没有什么特殊技能，喜欢画画，水平也只能是业余，他也想穿个西装当个白领，白天上班，晚上画画。西装是穿在身上了，但人家的西装内兜装的是公司门卡，他的内兜揣的是酒吧大哥的名片。

20 世纪 90 年代，一个月挣大几千块是个了不起的事儿，可一沓一沓的钞票始终买不来文艺青年的梦，他终于扔掉了号箱，离开了洋酒行。

在家过了一段听摇滚、画油画的日子，积蓄渐渐也花得差不多了，得干点什么啊。

有一天，他去西单晃悠，看到一个东南亚模样的人，背了个牛皮大包，像是手工做的，太帅了，引得他一直跟在人家背后盯着看，他突发奇想“这个我能弄”，他以前学画画的时候就经常鼓捣些小东西。成，就做这个！

人要是决心来了，认定了自己能干一件事儿的时候，在没有任何条件的情况下，都敢干，都能干成。

那个夏天，他天天在家想，一定得给自己做个大牛皮包，可怎么才能做个牛皮包呢?

第一步，在哪儿弄皮子呢?他就翻黄页、找电话，找到了一家叫北京皮件厂的电话。他想万一人家不卖给自己怎么办，就想了个招儿骗人家，说自己是工艺美院的老师，上课需要教学生做皮革工艺品，想买一点牛皮上课用。

人家说，我们这儿是做皮件的，不卖皮子。但是在北京的宋庄有一个皮革城，批发牛皮什么的，你可以到那儿去看看。

他家住在西单，大夏天最热的时候，他蹬上二八自行车，一直从西单骑到南三环外的宋庄，都已经骑到农村了，终于找到了皮革城。一进去，好兴奋呀，整张的牛皮挂在墙上，那皮子的质感，手一摸感觉真棒。350元一张，买完后一卷，夹在后车座上，小夏幸福地往家蹬。蹬到一半突然想起来了，做皮包还得有工具啊。

再往珠市口骑，那里有条街，是卖修鞋材料的，修鞋的工具应该能用得上。他到那买了锤子、冲子、打眼的工具，还有麻绳什么的，买完又是一脸幸福地朝家骑。骑到一半又想起来了，包上得有五金件吧?

又骑回宋庄，皮革城再往南两站地有个皮革五金厂，那儿什么环儿啊、圈儿啊的，想要什么都能买得到，他花20块钱买了一大堆，又满心幸福地骑回西单。这一天没干别的了，骑车转了半个北京城。

到家之后，他就立即开工。拿张纸画样稿，铺开了在地上画，画好了垫在皮子上，拿美工刀按图上的样式割皮子，他们家地上铺的是地板革，那时候一般人家铺不起瓷砖，有点年纪的都能料到，地板革自然被他划得都是口子。

皮包做成了，他自己背着出去到处晃悠，跟朋友聚会也背着，朋友见了说这挺帅，能给弄一个吗？这是多兴奋的事儿啊，老夏觉得特有成就感，有人喜欢自己的作品啦。一个皮包收人家比成本价高一点的价格，就这样朋友传朋友，结果一夏天，他做了 30 多个大牛皮包。除了自己背的那个，其余的都卖出去了。他用挣的钱买了台录像机，觉得真美，那时候就想，以后就不用上班了，这才是理想的生活。

慢慢地，小有知名度了，西单有个精品店的老板找到他，问愿不愿意做好了都放他们那儿卖，这就等于有人要包销了。当时老夏那股子文艺青年的劲儿又上来了，说不干，为什么不干？他说人家是有商业目的的，肯定是什么款式好卖就让他做什么，他说他这是艺术创作，所以不卖，你说这不是脑子里进了撒哈拉沙漠的沙子吗？

他一直秉承这个原则，对朋友也是，皮包做成什么样的，他说了算，不是人家要什么样他就做什么样，他觉得自己不是手工艺人，是艺术家，那 30 多个，个个都不一样，做了几十个之后，夏大艺术家的创意就枯竭了，做不出新玩意儿了。

也就是说，这个事儿压根就没能继续下去，根本就没戏，因为新鲜劲儿一过，创意就没了，他又不愿意为市场服务，那市场只能将他一脚踢开。

很快地，他就难以糊口了。但凡钻进文艺胡同的小青年，面对市场的游戏规则时，总会骄傲地遭遇这种尴尬，你可以说这是还有口饭吃饿得轻，也可以说是年轻总要面临的成长代价。所幸，生活不会抛弃每一个流浪的年轻人，我们都在生活中遇挫，也都在生活里被打磨。

在作坊里积蓄能量

也许我是小富即安，没什么追求，我觉得这事儿就这么放弃了多可惜啊。要是我，肯定一直做下去，做大了再请几个人，弄成个小工厂。再大了就自己注册个品牌，变成小企业，再后来大企业，再后来上市，想想我都快美疯了。不过，我可能连第一个包都做不出来。我问他现在想起来后悔吗？他说一点儿也不，因为那个时候他有可多主意了，一天想一个花样儿，觉得什么都能干，什么都想干，想到就去干了。很多年后，他收获了特别多的经验，就是他打鸡血的精神头儿让他有了这些经历。包卖不了，他就琢磨着，开个酒吧。

他就想弄一个酒吧，想得特简单，自己在酒店干了那么多年的调酒师，算是懂业务；又在洋酒行做了这么久，算是有渠道，拿酒不用付现钱，都可以压货，他觉得自己应该算这个行业的专业人士。他拿出所有的积蓄，又向朋友借了些钱，准备就做这事儿了。

首先要找地方，他开始天天查报纸上的租赁信息，那时候不像现在信息这么发达，没有网络，他天天在报纸上查，发现不太给力，他就去了房屋中介，交了 800 元钱。过了一段时间，中介说在方庄有一个酒吧要转让，他去看了看，觉得还不错，方庄在当时算是北京的富人区，旁边的院里住的都是开奔驰、开宝马的，他感觉在这儿开酒吧靠谱。

年轻的时候永远是这样的，想干一件事，脑子里就会充满很多的想法。酒吧要弄成什么样的？里面要填充什么内容？老夏都有自己的主意。因为喜欢戏剧，他就想弄一个戏剧酒吧，在酒吧里制造一些舞台的戏剧元素。比如大家在喝酒，旁边一张桌子突然“两口子吵架”、“谁突然把谁杀了”，等等。酒吧的顾客都不知道那是戏，等到最后的时候，才让大家发现，刚才原来是一出戏，他觉得这特别有意思、特别好玩。

这哪里好玩啊？万一有人跑出去打 110，可咋整啊？

但是，想法未必跟实际吻合，说到底，不管你有任何的艺术理想，当你做一件事的时候，到最后它还是会回归原貌，酒吧终究还是生意。

就这样，老夏按照他的理想在筹备着戏剧酒吧。在过程中，他发现了一个严重的问题，付了店面转让费、交了一年的房租、做了一些简单装修、把一个包房改成一个厨房之后，钱就花光了，他没有钱去运转他的戏剧梦了，只能先把酒吧开起来再看。

为了方便经营，他雇了两个伙计，是两个全能伙计，台前、幕后、厨房、吧台什么都能干。酒吧开了之后，生意特别不好，酒吧里的戏剧也就一次都没演过。酒吧转化成了一个民谣歌曲酒吧，两个歌手一晚上 100 元，不停地在那儿唱，都是原创，唱得还挺好听。

到那个时候，老夏才意识到，酒吧开在居民区，甭管开成什么形式，就不可能靠谱。谁会在自己家楼下喝得烂醉？酒吧是一个什么地方？是可以不负任何责任的地方。所以，他的酒吧经常出现的情况就是，一到夜里 12 点，就有人在酒吧里吵架，大多都是老婆抓老公。这下好了，本来想的戏剧全变成真的了。

为了这个小酒吧，他一年没回过家，酒吧夜里两点钟才关门，离家又远，哪有钱天天打车往家跑。每天晚上，他就把三张桌子拼一起，铺个被子就睡了。酒吧开了一年多，资金运转不了了，俩伙计知道老夏没钱了，就主动跟他说，咱酒吧早上兼卖早点吧。这俩伙计干过厨子，会炸那种特神奇的大油条，就是拿剪刀剪开后，像一个望远镜似的，早上买了，放到晚上都不会倒的那种，还会熬豆浆、包虾仁小笼包。老夏一想，为了把酒吧撑下去，干吧。

于是哥仨开始了辛苦的生活，凌晨两点钟酒吧关门，就在桌子上睡觉，睡到4点钟起床，用买来的二手豆浆机磨好豆子、煮好豆浆、和好面、包好包子，6点半开门迎客。酒吧外面，每天早上开始排长队，一直卖到中午12点。再睡几小时，下午5点还得再开张，酒吧还开着呢。

这时候他发现，卖早餐挺赚钱的，成本低、利润高，比酒吧强多了。弄了半年早餐，这间酒吧终于可以坚持运转了。为了能有更多的收益，也为了把厨房利用起来，他们还开始做盒饭，附近的居民不是多吗？发点传单，外卖的生意也很好。那俩伙计终于真正找到大展才华的机会，到现在，老夏说都特别感谢那哥儿俩，要不是他们陪他一块扛，他的钱就彻底打水漂了。

可是，每天的工作强度太大了，最后身体还是扛不住了，老夏开始羡慕起朝九晚五、有固定收入的上班族。他觉得做这个小买卖太难了，每天一睁眼，就是欠别人的钱，欠房东的钱、欠供货商的钱、欠伙计的钱，还有查卫生的、查消防的、街道居委会的，都得配合。

实在撑不住了，酒吧最后还是卖了。把该给伙计的算清，欠的钱都还上之后，酒吧干了两年多，一分钱没赔，也一分钱没赚。老夏只能带着一大堆失败的经验教训又回了自己的家。

回家是回家，可兜里一分钱都没有，他想不能这样，得找份工作养活自己，但是打死不回酒店了，他不能让自己的人生在原地打转。

一天，他在家躺着，可不得老躺着嘛，躺着不容易饿啊！偶然他听到广播里说国展有人才招聘会，那儿能找着工作，他就去了。到了以后，大喇叭广播说马上就要闭馆了，请大家陆续退场，他想我不能白来啊，赶紧找哪个展台还有人，离门口最近的一家叫做欢乐传媒的招聘台还有人，他赶紧填了一张报名表交给人家，这就总算没白来一趟。

第二天，人家居然通知他去面试，他向朋友借了一身西装，穿了一双尖钉鞋就去了。去了以后，才知道人家招的是广告业务员，他一想，卖广告？自己卖过酒，不都是卖嘛，没问题。那个年代，广告行业的门槛还很低，只要会说话，人又不傻，基本上就有可能去卖广告。

就这样，转了一大圈，夏骄阳还是老老实实地上班了。虽然比起很多毕了业就参加工作的同龄人，他是耽误了很长的时间，但只要用心在干自己认定的事儿，时间是不会白白浪费的。职场不是桃花源，职场只是社会的一小块儿，在职场外积累的生存技能和经验，到了企业里也会发挥作用。

梦醒了就危险了

欢乐传媒的王牌节目是《欢乐总动员》，那是一档曾经风靡大江南北的节目，每个周末，家家户户都守在电视机前等着看程前和张延，等着看他们的《超级模仿秀》。

那是 1999 年，欢乐传媒算上一个新去的叫夏骄阳的才 20 个人。没有电脑，没有前台，只有一间小屋是老板的，走廊就是办公的地方，还有一间小屋，导演每天在里面面试模仿秀。

这就是中国第一批民营的传媒公司，以前没有私人做电视节目卖，谁都不知道这个东西怎么玩儿。当然，也就没人教夏骄阳怎么卖广告，只告诉他，在这儿，你一个月领 600 元钱工资。怎么上路，只能自己琢磨。

他在这个圈子里谁都不认识，每天只能翻黄页。注意！黄页又出现了，就是指引他最后做出牛皮包的黄页，是 20 世纪末的联络天书啊。翻黄页、给陌生人打电话，每天同样的话得重复100遍，终于碰到一个愿意谈的，就像中了彩票，赶紧给人家发一个传真过去，那时报价单都是手写的，每天七八个业务员排队发传真，大家内心都挺绝望的，都是月薪600嘛，干什么都不够。老夏那时住在广安门，公司在亮马大厦，一个在西南角，一个在东北角，每天坐公交车上班得倒三次车，将近两小时。不敢打车，打一回车，一星期的饭钱就没了，最幸福的是坐公交车。

春节前，开始分客户资源，同事觉得他傻呵呵的，好资源就没他的份儿。可他干活特别认真，愿意去琢磨，内部没有好资源，他就出去找。找到一家广告公司，厚着脸皮去跟人家磨、和人家聊，听说那个公司有个做儿童食品的客户，觉得欢乐的节目还行，这就是一个潜在机会啊。

他回去壮着胆子，做了个100万的预算，弄完以后去找客户，人家看了两眼说让他回去等信。等信等了半个多月也没动静，他觉得这个事儿要黄了，来公司这么久都没开张，弄不好要准备卷铺盖走人了。就在他准备离开欢乐另谋生路的前一天，电话来了，客户觉得节目还真挺不错，更意外的消息是预算能追加到150万。老夏就像一个在沙漠里快要渴死的人，眼前突然出现一潭泉水，而且，这不是幻觉。

那个时候的中国电视节目，谁也不知道什么叫植入广告，客户是做儿童食品的，当时快过六一了。老夏想，可以单给客户弄个儿童节专场啊，观众全请小朋友，再给每个小朋友做一件T恤，客户品牌主打的LOGO是一个“棒”字，他就把那个“棒”字印到T恤上，多好。因为他以前学过画画嘛，对颜色特别敏感，客户产品的罐是黄色的，盖儿是红色的，他就给孩子们弄了个黄色的小背心，红色的边儿，不印品牌，就印一个“棒”字，看起来特别漂亮！节目播出后，观众都明白，这衣服是跟产品有关的，但看起来又不会感觉生硬不舒服。

最后，客户跟老夏签约，456 万！对于当时的欢乐传媒来说，这可是一笔大钱，公司终于能开始好好地活了。给老夏的提成是 5%，20 多万！他也能好好地活了。

没人教的一帮小年轻，自己琢磨着干，不遵循以往传统模式的刻板和教条，天天在一块玩儿似的折腾，想一出是一出，爱干吗就干吗，他们几乎是中国第一批，用实践来研究娱乐节目、研究广告的人。他们尝试新的节目经营方式，把创作跟经营结合在一起，慢慢地水涨船高。

所以，在进入公司的第三年，夏骄阳就跟老板提议，自己不当广告业务员了，他想去做策划，成立一个专案中心，把商业资源和电视节目有创意地结合，赚更多的钱。以前是做出一个节目，再拿着节目去找商家在上面投广告；后来是先谈好一个产品，再根据产品想出一个好看的节目形式，这可能就是中国最早的娱乐营销吧。

看到这儿，有没有觉得有点儿眼熟？我没写过，但跟酒吧卖早点好像是一个套路，当熟悉一件事情的两个方面的时候，不要被传统束缚，想想怎么样好玩儿似的把两方面都激活，一个事儿可能就变成两个事儿、三个事儿了。

从他 1999 年被莫名其妙地招进欢乐传媒，一直到 2006 年，老夏眼睁睁地看着 20 个人的公司变成 500 多人，又做报纸、又做网站、又拍电视剧，火到什么程度？他去外地出差，只要跟出租车司机说自己是《欢乐总动员》的，那哥们都不要他钱，就拉着他聊《超级模仿秀》那人怎么那么像那个谁谁谁，盛极一时。欢乐与光线、派格、唐龙并称为当时中国传媒行业的民营四公子。

钱赚得快了，公司发展得快了，公司想干的事多了，夏骄阳也要换雇主了。为什么？

因为日子越过越好了，以前弟兄们上班一起挤公交，下班一起到处穷玩儿，玩的过程又能碰撞出很多好的想法再作用于工作。后来，聊的就变成你这块表多少钱，我又看上哪款车了，所谓由简入奢易，大家的温饱都不是问题了，梦想也就停止升级了，而文艺老青年夏骄阳，还有梦。

他的梦，被一个同样有梦的女人看上了。

“面子工程”不全是坏的

2006 年时的夏骄阳，在行业内已经小有名气，当时很多大公司都想挖他过去，他都不见。有一个不安分的女主持人，她自己折腾了个小公司，也做电视节目，她听说夏骄阳这人挺厉害的，就约了他好几次。这个不安分的女主持人，就是李静。

两人第一次见面，李静订的地儿，在一个很豪华的五星级酒店的咖啡厅，之后几次约见都是在不同的五星级大酒店。

两人聊了很多关于电视的想法，老夏感觉终于找到一个合适的聊天对象，可以把自己好多天马行空的想法说出来了，而且对方还特别认同。李静说她愿意支持老夏，一起把他说的这些个事给弄起来，而且，她最早找夏骄阳的时候，原本是谈一个经营副总的职位，她自己做总经理，老夏还没想要去，只是想作为朋友交流业务似的聊天，顺便给对方出出主意就行了。

两人最后一次谈的时候，李静说了这么段话：“老夏，我决定了，就按你说的做没错，而且你不要做副总了，我把总经理的职位给你，两家公司，文化公司我负责，广告公司你负责。你有没有想过，你应该去做一件自己可以整个操盘的事情，做一个有决定权的人。”

这句话直接 KO（击中）了夏骄阳，他一直在心里念叨“操盘”、“决定权”，他觉得这个事儿必定有得玩儿，至少在自己的职场经历中，是挺革命性的一件事儿。以前自己要做什么事儿，提一个建议或一个想法，总得先考虑老板会不会支持，怎么说才能赢得信任，要通过什么技巧才能打动老板。可现在，自己的所有想法都可以肆无忌惮地去实现了。

成！静姐，就这么着了！

加盟东方风行，第一天上班，老夏认真地看着地址，才想起自己之前从没去过李静的公司。每次都是在五星级酒店谈的嘛，新公司得多气派，多有品位啊！

地址的最终目的地是聚龙花园，一个居民楼，老夏心一下凉了半截，他以前来过这个小区啊，哪有写字楼，该不会……

没错，那时的东方风行，就在其中一个三居室里办公，没有单独的办公室，一个屋塞几个同事，老板李静有间自己的小办公室，她的桌子比其他员工的长不了多少，就是这样。新的总经理夏骄阳刚加盟，没有额外的空间了，坐哪儿呢？前台。他跟前台坐一块儿，前台兼职做他的助理，两个人坐在那儿，平时像收发似的。这想想就太有戏了，要是有客户来找夏总，先得跟前台预约一下，前台说稍等，往右一扭头，问夏总您方便见客吗？这太戏剧了。

老夏这才明白，“狡猾”的李静也是用心良苦。她是白手起家，为发展壮大总要招兵买马，把人直接约在公司谁都嫌寒酸，只能约在豪华的地方，靠着自己的人格魅力，吸贤纳士。李静只能安慰老夏，先暂时委屈一下，等条件好点，公司马上换大的办公室。

老夏也不在乎，既然人都来了，就一块儿吃苦，一块儿往好处奔呗。

他靠着之前七八年的经验，重新盘活公司既有资源的商业化价值，李静都没想到，原来手里的这些节目值这么多钱。第一年，他们就产生了不错的赢利，第二年，赢利就足以换大的办公室了，大家终于可以告别缺一角的桌子和三条腿的椅子了。

后来东方风行越来越好，每一年的营业额都是 100% 以上的增长。

老夏说，他前两年得到一些感悟，突然意识到职业是生活赋予的，职业永远大不过生活，生活就是，你决定成为一个什么样的人。

他在上初中的时候，喜欢画画，后来喜欢戏剧，再后来干一系列的事儿时发现，他一直追求能够独立地干事儿，能够不需要拍别人马屁就能干事儿的状态，这样，才能长久地活在受人尊敬当中，人家才能真正瞧得起自己。

现在他在培训业务员、策划和编导的时候，说得最多的就是，一定要在心里有“两个专家”的概念，什么是两个专家？

在面对客户的时候，客户是产品生产和品牌传播的专家，别跟人家争。比如要卖一个杯子，人家说这个杯子的卖点应该是它是透明的，别跟人家争，非说这个杯子得是红色的，你不如客户懂，因为你是外行，但在媒体传播和电视节目制作的这个领域，自己必须得是专家，永远证明给客户看，请他不要跟你争，只有在这种情况下客户才会尊重你。在自己的领域，要做客户的老师；在客户的领域，也要把客户当成自己的老师。

广告人绝不能只会追在人家屁股后头，说咱哥俩关系不错，给我们投点儿广告呗？我给你点儿回扣。这个事儿，不能干，干了，就停不下来了。

人的内心始终要有一个东西支撑着，既提供一个积极向上的力量，让自己努力地把业务做到最好；又要时刻保持谦虚好学的姿态，时时刻刻地了解其他行业的知识，补足自己的短板。营销人最终还是要努力成为一个杂家。

老夏今年 38 岁了，在他 30 岁的时候，女朋友问他，以后你有什么想法吗？未来你想怎么着？他当时说了一句特别扯的话："我一定要在 35 岁之前，做一个让我自己尊重自己的人。"女朋友听完以后就乐了，但他的确做到了。

我也有过类似的感觉，在乔布斯就要成为神之前，有一天我开车，旁边坐着一个朋友，一个我很敬佩的朋友，他不去酒吧、不去 KTV、每周除了周六的晚上其他时间都没法陪家人，他的工作就是他的生活。我问他这样辛苦是为了什么？他沉默了几秒钟，说就是想给这个世界带来点儿改变。我当时觉得他有病，世界干吗需要他改变？

那是 2009 年，到了 2011 年，就有了本书，叫《史蒂夫·乔布斯传》。

书里讲到一个故事，每一台苹果公司生产的 Mac 笔记本电脑，把它后盖打开，会看到 6 个签名。当时乔布斯为了感谢 Mac 研发小组的 6 位工程师，为了纪念他们集体创造出的精美产品，特意把他们的签名焊在 Mac 的主板上。现在，我们只知道有个人叫乔布斯，但机盖后面的 6 个人，能说他们没有改变世界吗？他们都改变了世界。

看完那本书，我突然明白，改变世界，其实并不是一件多么难的事儿，只要你愿意，只要你努力，只要你坚持，这个世界上，总有那么一点点，是因为你而改变的。

活着就得让自己尊敬自己

如果夏骄阳出本书，名字我已经替他想好了，《活着就得让自己尊敬自己》。

不管在职场当中，还是在生活当中，我们小的时候就被传递了一个信念，不管干什么，必须要做一个好人，因为只有好人才会真正地受人尊敬。

老夏说，他上学的时候，留头发、穿烂牛仔裤、穿破皮鞋走在街上，他就想，穿成这样也能是个好人。直到现在，他不奢望能有多大的成绩，但是他要求自己的行为习惯和思维方式，能为身边的同事和朋友营造一个好的环境，因为每个人都会发现，一个好人的周围没有坏人。

做一个好人，思想上就不会遇到太多的困惑，身边也没有那么多的麻烦，他说他做了十几年的经营，合作过那么多的客户，从来没跟客户之间彼此算计过，为个合同扯来扯去过。他用了五年的时间，让《美丽俏佳人》，这个不算太大的节目，广告经营价格比当初翻了六倍。今天他还不跟客户议价，这在广告行业内是凤毛麟角的。

他想将自己的经历，跟这个行业内的年轻人分享：广告行业不一定都是先报个离谱的高价、再打个折，还是个特虚、特扯的折。每个媒体人都要相信，只要努力地把产品价值做到极致，你就会有资格说，我定多少钱就是多少钱，才有决定价格的权力，价值决定价格。

上了《职来职往》以后，好多客户的经销商都认识夏骄阳，他在跟客户的经销商作报告的时候，上来就说：可能有的朋友通过一个电视节目见过我，但如果你是专业人士，更可能在业内听说过我，我做这个行业 12 年了，可能在业内有点儿口碑，我跟娱乐圈跟明星身份没有任何关系。电视、时尚、电子商务，对于我和你们而言，就是一盘生意。今天我们大家坐在一起，就是来聊聊，我们怎么样一起努力做一桩漂亮的生意。

在职场也是这个道理，年轻人去公司上班，你自己跟老板就是一个生意，你给他他要的，他给你你要的，大家很平等，是一个合作关系。

其他的事儿都是额外的，不应该在这个关系当中发生，发生了最后也只能是一个结果，早晚会伤害这个关系。先把生意做好，慢慢逐步产生感情，才是真诚，才能更好地交流。

老夏说他最欣赏江森海的一句话。有一次江森海问一个求职的年轻人，你的人生梦想是什么？那人说我的梦想是要做一个HR。江森海说你扯淡，这个不是人生梦想，根本就不是。那的确不是，最多是份养家糊口的差使。

每个人小时候，肯定都有过一个人生的梦想，科学家？画家？音乐家？你也许不会实现那个梦想，最终可能只是成为一个销售，但是要学着不断地把自己的梦想，影射出来放在生活里面。做一个销售，也能不断地把音乐家的梦，注入销售行为、销售方式里面，才不会忘记梦想，不会偏离好人的轨道。

要想不轻易偏离轨道，学会换位思考非常重要。

他开了两年的酒吧，亏得一塌糊涂，真真正正感觉到了孤独，所有的问题都要一个人来扛，但当时的他却是在用老板的心态思考问题。在企业打工的年轻人，只知道有很多部门，只知道抱怨后很爽，大不了跳槽走人，但老板是没法跳槽的。只有自己当过老板，站在决策者的角度思考过问题，才会明白，责任究竟应该放在哪里。

老夏去国外旅游，经常看到很多毕业旅行的欧洲大学生，跟他们聊天发现，那些大学生毕业后不急着上班，先出去浪荡一年，全世界旅行，有的穷得要死，吃不上饭，没有地方住，睡大街上，走哪儿没钱了就打点儿工，一年下来，把所有底线的东西都见识过了，把一切荒唐的事儿干完了，回到家之后，能特别踏实地去上班、去提升。

所以老夏说，他招人特别鼓励个性，同时也注重服从。

他跟我说有一次他们公司开选题会，一堆新人，每个人必须想出三个选题，有的人抱怨，说想出来了总监也不用。那个总监说了一句话，他到今天记得都特别深，总监说：今天让你们想选题，不管我用不用，不代表你的选题好不好，因为今天对这个节目负责的人是我，所以我来决定，但你一定要用你的脑子去想，可能你的创意今天不会被用，但有一天你是总监了，就可以用了。

所以，年轻的朋友，不管你的职位有多低，薪水有多微薄，千万别停止思考，不要因为你的想法总不被实现，你就沉沦，当有一天你成为将领的时候，思想已经沉沦了，就只能做屁股决定脑袋的人了。

好了，老夏的故事讲完了，可能有些散乱，也可能很多的事根本不值一提。但这些故事，至少有一个启发：坚持梦想吧，那个梦不是做什么工作，而是做一个什么样的人。

不要让 25 岁的你，鄙视 45 岁的你。

郑艳：

职场不相信眼泪但相信妈妈

郑妈妈，这是我第一次录《职来职往》的时候，脱口而出的称呼，因为我觉得她太和蔼、太善良、太温暖了。

可能我一个男人不懂得，每个 30 多岁的女性，都不喜欢别人在称呼上给她升级，把自己叫老了。所以第一天录影间隙吃工作餐时，她就走到我边上跟我说："晌，你特棒！就是，你能不能别叫我郑妈妈，我还觉得自己是 80 后呢。"

那个瞬间，绝对的娇嗔，不是故作姿态，我知道，是源于看对眼的信任。我觉得这个称呼没什么，不代表年龄长幼，是种感觉，特别温暖的感觉。所以故作神秘地给她留下一句话：相信我，以后所有人都会记得"郑妈妈"，都会很爱"郑妈妈"。

一年多以后，所有观众都叫她郑妈妈，都喜欢郑妈妈，她自己也越来越喜欢观众和导演团队这样叫她。反而这个称呼在我口里变少了，我越来越多地叫她艳儿姐，因为她真的就像我的一个姐姐，非常疼惜《职来职往》大家庭里，我这个任性调皮的弟弟。

这是本有关职场的读物，本不想加入太多儿女情长，但写到郑艳，文穷词涩的我没法回避她的感情、她的家庭，她的故事会带给很多年轻人一些感悟，一些不只是来自职场的感悟。事业需要精心经营，感情也需要悉心呵护，一个女人可以跟她的伴侣相守17年，依然相爱如故，是那个男人的付出，也是这个女人的知足。艳儿姐的老公姓赵，我叫他赵哥，他们俩1995年在一个运动会上认识，一直到现在，从没分开过。

不过，现在得先把他俩分开一下，因为接下来先说的故事发生在北京的一个夏天，那时候还没赵哥什么事儿，那时候艳儿姐才十四五岁。

练摊儿的北京丫头片子

郑艳家有四个闺女，她是家里的老小，但从小就很懂事。她家是普通干部家庭，妈妈是教师，爸爸是铁道部负责全国安全工作的工程师（后来艳儿姐的父亲转做人事工作，艳儿姐现在有时候开玩笑说行业也有遗传这么一说）。虽然从小是父母最娇惯的女儿，也算是衣食无忧，但是懂事的她总想为父母分担一些。所以进入高中前的暑假，她就想去干点什么。

那个时候北京的西单不像现在这样高楼林立、商场毗邻，但也是挺繁华的。那时候西单有个服装市场，大的铺面是卖稍微好点的套装，外头马路边儿上推个车，再不就地上一铺，卖的是那时全国流行的文化衫，就是白T恤上印几个字儿，什么“咱是爷们儿”、“我是流氓我怕谁”。5元钱一件，8元钱俩，好点儿的纯棉的8元、10元一件。郑艳就去一个摊主的地摊儿帮人卖文化衫，北京话叫练摊儿。这就算她销售生涯的开端。

这一份打工业绩斐然，西单好多这样的地摊儿，别的摊位一天卖个二三十件，郑艳一天能卖好几十件，有时候还卖小一百件，有的回头客买了还拉朋友来买。因为这个摊儿的小姑娘特别热情、特别能干，别人要试衣服，她马上能找出适合这个人的尺码，如果不合适，她立马再另找一件，让人接着试。

其他摊儿上人的服务意识没这么好，要是顾客试完一件不合适，就当着人家的面儿先把这件叠起来，再拿别的，还容易烦，给人挂脸色。郑艳这边，从头到尾乐呵呵的，不停地给人找衣服试，买不到合适的还宽慰对方，您过两天再来，过两天我们家上新货，好看的，您的码我给您留着。等人家走了之后，再去叠一堆一堆的衣服。

现在我们说这个那个的销售技巧，其实没那么复杂，想从陌生人兜里赚钱，当然要服务到人家满意。十四五岁的这个小姑娘没学过销售，但是待人热情周到是各行各业都该放在心里的。艳儿姐说她的热情是遗传于妈妈。

就这样，一个暑假忙活了两个多月，按之前跟摊主说好的，酬劳一共是 200 元。但结算的时候，老板给了 260 元，摊主觉得郑艳特别卖力气，这么大热天儿的，多奖励了她 60 元。劳动的价值被认可了，这对郑艳来说非常重要，她说这几乎直接影响了她之后的职业观念，直到现在，要是工作上偷次懒，她都觉得心慌。

260 元钱，在当时是不小的一笔钱，当然要交给家里。市场门口有个卖盒饭的，最好的是鱼香肉丝盒饭，五块五一盒，这个价格那时算很奢侈了，分量也足。但郑艳没吃过，她吃两块五的，里面也有荤有素，她觉得这一下就省了 3 块，太划算了。

这之后，得到的是一种幸福的满足感，我能挣钱给家里了，多好的事儿啊。所以每年寒暑假她都找打工的机会，只不过每一次机会除了能有酬劳之外，她还越来越注意提高自己。

大学还没毕业，郑艳开始找工作，第一份工作是做导游。因为之前练过摊儿，所以她特别不怵生人，跟别人交流的时候没有丝毫障碍。到旅行社老板那儿面试，北京的旅行团要接大量的外国游客，老板得考一下她的英语，她当时的口语水平不像现在这么好，但她很敢说，双方都听得明白，于是就被录用了。很多年后，艳儿姐都很感谢那段做导游的经历，虽然工作很辛苦，但也快乐，收入不错倒是其次，可扎扎实实地锻炼了自己的口语和人际交往能力。

就像现在的实习或第一份工作，如果我们没办法一下进入一个比较有规模的平台也没关系，接下来要考虑的重点就是，这份工作能给你的能力带来什么样的提高，你总得在最初的工作中边实践边丰富自己，才能为下一步打好基础。

导游的工作做了半年多，但她意识到应该去找一份正式点儿的工作。因为这个工作虽然得到很多游客的认可，但是每次“按规定”带大家去购物的时候，心里总是觉得很别扭，即使所有的外国游客购物时都很开心。这个想法现在看来很明智，也很及时，因为没过多久，国家就开始打击黑导游了。

被“坑蒙拐骗”当销售

郑艳的第一份正式的工作，面试的地方也足够正式。北京长安俱乐部，长安街上的高档建筑，是普通老百姓敢看不敢进的地儿。面试官是一个美国人。

坐在郑艳正对面的这个美国人，是她见过的成百上千个陌生人之后，又一张新的面孔，我说这些的意思是，紧张这个词儿那天没上班。于是 20 多分钟后，这个中国女孩和这个美国面试官，就高高兴兴地成了同事。

公司有一个健康中心，郑艳被应聘成为健康中心主管，主要负责会员接待、资料管理那些事儿。又是跟人打交道，几个月内，不管是什么脾气性格的客人，都跟她渐渐热络起来，热情是可以传染的嘛。不久后，她还被公司公关部委以工作，负责每月一期长安俱乐部月刊的制作。又是一次丰富自己的工作机会，月刊虽然一个月一期，但是若让一个人全权负责，文字能力、视觉审美、统筹能力，都会有所提升。

不到半年，第一份工作发生变故。不是郑艳的原因，是她的直接领导跳槽了，她的这个外国老板转投到一家类似于现在房地产中介的公司，不过服务的对象大多是国外来京的人员或大型企业，相对应的楼盘也比较高端。老板很认可郑艳的工作能力，平时工作对她也很照顾，希望她能跟他一起过去。

的确，第一份工作的第一位老板对她很好，她念人家的恩也愿意答应，可她也明确表明了自己的态度，坚决不做销售！因为她感觉女孩子还是不适合做销售，工作压力大，特别辛苦。关键是，那时候认识了赵哥。这万一以后成了小家，天天在外头跑不着家怎么行啊？这位老板回答得非常痛快，说本来这家公司就不招聘销售，她就这么跟过去了。

不做销售，做什么呢？外国老板给她的职位是 Negotiator，这个词的字面意思是谈判者。听起来真高端，艳儿姐记得当时她特满意，她觉得这个工作好高端啊！“这不就是律师吗？”老板也附和：“对，差不多。”她的工作任务，就是要把甲方乙方介绍到一块，让合同谈成功，让他们达成一致，任务就圆满完成。有人说了，这不就是中介吗？不，这是 Negotiator，这个时候真觉得，有时在中国蹦英语单词儿挺蒙人啊。到现在，在外企里这个职位依然存在，还是叫 Negotiator。到底是干什么的呢？

上班第一天，公司发给她一台数码相机，当时好多中国人见都没见过数码相机，她依然觉得这工作好高端啊！她的工作任务，就是拿着这台数码相机，坐上当时北京最好的出租车，每公里两块钱，到北京的各个高档写字楼，给写字楼照相，正面、侧面、背面、远景、中景。把照片拍好后，回来交给公司的编辑，完成。

写到这儿，我都觉得，这工作好高端啊！

其实，拍照的目的，是为了介绍楼盘给客户。比方说，有客户在国贸，想要搬到华贸，就需要公司提供华贸楼的外观图。有一天光打车就花了好几百块钱，她有点蒙，但感觉这份工作有意义啊，公司能赚钱，还能让出租车司机赚钱，多好的事儿啊。

后来公司找了一个有经验的经理带她，经理负责敲定项目，她去给人打电话，把客户和自己推荐的房地产公司对接上。

这时期，机灵的郑艳还发现了一个窍门：如果她跟某些外企前台讲外语时，能有一些类似美语化的发音，就容易让前台误以为是一个老外打过来的，会觉得这可能是公司老板的朋友，会很积极地帮忙把电话转接过去。

说到这些，郑妈妈笑了，她说就在打这些电话的时候，她还没有意识到这是一份销售的工作，打电话就是销售上的陌生电话拜访。直到一两个月后，她才意识到，Negotiator，在这家公司，就是销售。不过，想到自己已经踏进了这个门槛，做得又不错，就继续工作一段时间再看看。

这份工作让她注意到，很多决定性的细节不可忽视，比如亲和。你给其他公司前台打电话，你就要思考，前台，一个月挣得并不多，没有太大的权力，但是只有过了前台这一关，你才能知道这家公司是否有换办公地点的需求。所以，她慢慢学会了要用什么样的心态和语气与前台沟通，才能让他们不会对陌生人的打扰产生反感；要怎么虚心地跟别人沟通，才能让别人感觉亲和，接受自己。

现在很多人都会说，职场女强人，怎么怎么的，其实女强人未必是一个女版的钢铁侠，女强人可能就是郑妈妈这种，她让每个在她周围的人，都感觉放松、舒服。亲和同样是一件利器，一件女人得天独厚的利器，有时候它比激光枪都好使。

有心就有好运，好运降临了，通过打电话，在工作不到四个月的时候，她得到了一家大公司需要换办公地点的信息，这是一个大案子，赶紧向老板汇报。老板亲自带她接手这一单，有老板在，她的工作压力就没那么大了，合理安排时间，热情联系双方就好了。

在这个过程中，老板是不会手把手地教她的，但一个有心人自己要会听、会看，要偷师，因为毕竟不是每个年轻人都有机会直接看老板谈生意，这样的机会是花钱也没地方学的。

当时那个大客户有三个选择，三家公司都各有各的优势。客户公司的老板是一个美国人，工作态度很职业。郑艳的老板是位英国人，他在见客户之前就做足了准备，他不会先给客户打电话，一定是在做足功课之后再打电话。如果贸然打电话，又没什么有价值的信息提供给客户，对客户来讲是浪费时间。老板做的准备非常全面，能够保证客户有任何问题，他在电话中都能立即应对。绝不会说抱歉等会儿，我问问我查查再答复你。

她和老板一起到客户那里，老板亲自解说，她就在旁边认真听。地产中介公司，如何站在一个第三方的角度，给客户介绍楼盘的优势、劣势，是一个非常有技术的活儿。她的老板很注重细节，甚至连空调管道什么样，开关什么样，什么牌子的，空调暖气每天几点送、几点关，有几条空调管道，冬天能保持多少度，夏天能保持多少度，每一个楼盘都作了详细对比。这笔大单终于做成。

客户糊弄不得，既然能成为你的客户，既然有钱能让你赚，客户至少不比你笨。以前我的老师说，在聪明人面前别抖机灵，抖也抖不过人家。不如实实在在地做好准备，站在客户的立场上思考客户的需求，提供满意周到的销售服务，这才是正经事。

一个优秀的职场人，应该能在多重角色之间良性转换。就像郑艳的这个老板，能跟客户诚实守信，保持特别好的关系；也能跟开发商利益共存，关系也非常好。她的老板跟中国的开发商谈事时，就用中文，虽然有点磕巴，但坚持不用英语再让郑艳翻译，这是尊重，我一个老外在你们国家赚钱，我尊重你，尊重你们的文化习惯，这就很容易赢得好感。甚至还会帮开发商出主意，他带客户看楼的时候，客户发现一些问题，他会及时地把意见转换成中肯、不伤人的言辞告诉开发商，帮开发商及时改进。能让售楼的和买楼的人都觉得他特别可靠，愿意跟他继续做生意。

原来，Negotiator，就是谈判者，是这个蒙人的英语单词，提升了“销售”这个词的品质。

偷师之后，是该检验成绩的时候了，实践是检验真理的唯一标准。有一天，公司前台去吃饭了，郑艳实践的机会来了。

她帮忙接的电话，对方是一家做留学中介的公司，有租房需求。她了解了对方的详细需要后挂了电话，马上准备，一共准备了五个楼盘。在跟客户确定好看楼的时间后，又立即给每个楼盘的销售部打电话，分批分拨安排好去每个楼盘的时间，还告诉销售最好提前作哪些准备。上车了，到达每一站之前，提前 10 分钟联系楼盘的销售，让他在大堂拿好钥匙，做好准备。

角色转换，学得很好，做得很扎实，为客户考虑，她推荐的是地理位置和租金都最适合的楼盘，并且详细地介绍了楼盘的优缺点。客户想压低价格，她又体谅楼盘销售的难处，在客户能接纳的基础上给客户做好解释工作，独立的第一单就这样谈成了。

一个伟大男人前面有个多事的女人

了解郑妈妈的人，都知道她是一个特别简单的人，简单到生活中偶尔冒傻气。所以她的朋友去到她办公室的时候，都有些不认识那个郑艳，因为办公室里的她细心、职业。

她有个同事这样形容她，这一辈子不会再见到比郑艳对我更好的人了，她是一个我做错了她关起门来能把我骂死，但是打开门后谁对我使坏，能为了我去和别人拼的人。

郑艳有个朋友以前跟她请教一个问题，朋友公司里有一名员工，能力比较低，做事情没有优先级。这样的员工很危险，两家公司在竞争的时候，就像两张桌子在对打，如果其中一张桌子有一只桌脚不稳，另外一张桌子就很容易把它打倒。这名员工自己工作得也不开心，就提出要离职，当时快过年了，就面临年终奖的问题。他们公司的年终奖是有规定的，1 月 20 日发奖金，1 月 15 日之前离开公司的，按照规定就没有年终奖。

郑妈妈就跟朋友说，好好劝劝这名员工别急着离职，也跟公司高层好好沟通，不妨把这笔钱发给人家，毕竟这个员工也曾为公司付出过，一年忙下来，这钱也是人家劳动所得，如果能让他欣慰地离开，他就不会带着怨气，不会出去抱怨公司的不是。公司的名誉是非常重要的，它直接影响到公司的招聘工作，也影响公司未来的建设和发展。一个人传播对公司不利的消息，对一家公司的利益损害，可能是数十倍于这点年终奖的。

在郑艳的工作中，对上级忠诚也一直是她很注重的。

上司给她布置的一项工作，要求下个礼拜交，她基本上第二天或第三天就交了，上司夸她真够快的，她就说："您给的事儿永远是我第一件事儿。"这不是阿谀，是真诚的执行力，上司让你下周给他，你第二天给他，上司不会认为你做错了。

上司需要她写一份材料，拿着这份材料上报给更高层，她会认认真真地写好，还会非常细心地删掉文档上自己的名字。她说因为这是她的上司交给她的任务，也可能是上司的上司交给她上司的任务，如果因此她的上司得到提升，那么她和他们的团队也一定更好，她的上司如果是个职业的职场人，也一定不会忽视她的努力。

销售做得风生水起之时，她发现自己进了一个怪圈，销售业绩达到第一，总想保住第一，这个压力是巨大的，那时候她常做梦梦到签单，梦到要签单的时候，客户无故毁约了，她那时候老做这样的噩梦，经常吓醒。这个时候，男主角赵哥，要出场了。

赵哥是个地地道道的北京人，北方男人其实多少有点那股子劲儿，挺男人挺爷们儿的。将近一米九的身高，我们在一起踢球时，我不敢近身，我这身形的也扛不住他。可他对媳妇就十足的机器猫上身了。

前面不是说了，艳儿姐生活里挺不能自理的嘛。在单位对朋友，很少会发脾气，但人都有脾气，这时她就很"顾家"地把脾气打包带回去。

有一次，在她觉得自己还年轻不懂事的时候，一个要好的女同事家里停水了，她很仗义，走，住我们家去，有客房。俩女同志回家一进门，房间没开灯，黑漆漆的客厅，桌上一个蛋糕插着四根蜡烛，赵哥就坐在烛光里微笑。门一打开，居然进来两个人，赵哥脸上的笑容瞬间石化，特尴尬地吹灭蜡烛。郑艳也蒙圈了："这是谁生日啊，怎么就四根蜡烛啊？"赵哥端着蛋糕不好意思地往厨房走，来了一句："没事儿，我就是馋了，想吃蛋糕。"其实那天是他们结婚四周年纪念日。郑艳可以记住公司里同事的生日，偏偏这个日子她忘了。

她在做销售的时候，一次有个单快要谈成了，被一个同事抢了。回家后她非常生气，就抱怨。赵哥劝她，大家都不容易，都是为了挣点钱，当时她哪儿听得进去这些。这里要普及一下，男人们注意了，女人在外面受了气，回家来抱怨，男人千万别傻呵呵地给她建议，女人那时候不需要建议，其实就是撒撒娇、诉诉苦，有多少兄弟都是栽在这上面啊，都是泪水里泡出来的经验教训。

她当然就跟老赵吵吵了，人家赵哥什么都没说，这就是正确示范，该做饭做饭，该温存温存。直到后来经历的事越来越多了，她才懂得，男人的宽容是一种美德，女人珍视这种宽容也是一种美德。

2003年"非典"，有一天郑艳感冒了，回家高烧不退，赵哥就抱着她："没关系，咱不去医院，出什么事儿咱俩都在一起。"听完这句话，眼泪安静地淌着，她当时就决定要一辈子和眼前的这个人生活在一起。

销售工作最终还是结束了，郑艳于2000年转做猎头工作，这让她遇到了又一个职场的契机，但能否抓住这个机遇，也是要做好准备的。

在猎头公司做了一年，他们公司服务了一个国际大型石油公司——壳牌。壳牌那时由于某个业务部门的生意在中国迅速扩张，需要猎头公司帮他们招人，找到这家猎头公司后，需要对方派一名专员进驻壳牌，做招聘专员，还是隶属于猎头公司，专员的招聘业绩跟公司的收益挂钩。由于郑艳之前有销售的经验，英语能力又可以满足他们的要求，当然还要过三轮面试，最终，她代表公司进驻壳牌。

进入壳牌之后，壳牌的人事经理都没想到，这个郑艳还挺能招人的，每个月能给他们招七八个人，壳牌本身负责招聘的专员一个月最多也就能招三四个。因为每招一个人，壳牌都要付给猎头公司钱，于是问郑艳想不想加入壳牌。

她对公司的忠诚度使她拒绝了这次邀请，她觉得那样做对不起老板。回来之后就对老板说起这事，老板沉默了一会儿，说："你不去我特别高兴，你不去我们能挣钱。但是你知道吗？进壳牌的机会特别难得，如果下一次壳牌再找你，你可以考虑答应他们，不用感觉对不起我，要是真去了，以后请我多吃几次饭就行。"

这时候，就看壳牌的了。感谢壳牌，终于又一次来找她谈，这一次她答应了。加入壳牌后，郑艳负责某个业务部门全国 34 个城市的招聘，因为特别善于跟人沟通，能者多劳，所以公司很多业务都交给她，好在家里所有的家务都由赵哥承担。

在壳牌的工作，让她真正进入了一个 HR 的状态。到现在郑妈妈提到壳牌的时候，还是一副感激之情！她说，壳牌就像一所大学，每个员工进到这家公司，都会不同程度地学到很多想要的知识。特别感谢壳牌的老板、同事和业务部门的合作伙伴给她的鼓励和支持。感谢这所"大学"在 HR 的职场上给郑艳带来的"启蒙教育"。

壳牌让她更多地感受到了外企的文化。2003 年"非典"时期，为了安全，公司允许大家在家办公，壳牌报销员工的家用电话、上网、手机的所有费用。可作为 HR 不能在家约见应聘者呀！于是郑艳每天还在约候选人，公司前台都说，现在只要有来面试的，基本上都是找郑艳的。

她每天跟平时一样上班。前台备有口罩供大家随时使用。有人来面试的时候，可以去前台拿一个口罩戴上，但是她从来不戴口罩，她觉得来面试的人戴着口罩呢，自己不戴，代表这家公司对候选人是尊重的。

记得有一个候选人来的时候，紧张得哆嗦出汗，她给他倒了杯水，让他放松一些。先陪他聊了一下来面试路上的交通情况，再陪他谈一下天气和“非典”，大概 5 分钟后，候选人的紧张情绪消除了，可以进入面试状态了，他们才开始面试。那时候她 28 岁，候选人面试完了以后，握着她的手眼泪都快流下来了，他说:“我从来没见过一个面试官像您这样有耐心，壳牌真是一个太棒的公司！”这一幕一直激励她很多年，她从那个候选人身上看到了，HR 作为公司的窗口，在面试中的行为是多么的重要！此后她对每一个候选人都这样。

一个员工在职场上的形象，很多时候就是公司的形象。以前有句话，叫主人翁意识，这句话说得特别好。主人翁意识，是要我们把自己当公司的主人，不是把公司的东西拿回自己家，是要我们同时把公司当成自己的家，只有家好了，里面的人才能更好。

职场更得有人味儿

后来，郑艳被猎头介绍到亚马逊。她是亚马逊收购卓越以后招的第一个 HR，一直到后来整个团队除了 HR 总监是一位美国女士，从美国总部派过来的，HR 部门其余将近 20 个人全是经由郑艳面试招聘进来的，IT 部门从 30 多人扩充到 300 多人，营业部门从不足 50 人扩充到 300 多人，职能支持部门从 40 多人扩充到将近 200 人。

亚马逊对候选人有一种“红地毯原则”，如果安排候选人上午 10 点来面试，为了表示对候选人的尊重及节约候选人时间，会安排几个相关的面试官在同一天面试。亚马逊会提供午餐，候选人来了以后有专人接待，每一个人面试完了以后，都会由面试官陪同他到下一个面试官那里，让面试者感觉到他是非常受尊重和重视的。

在亚马逊的时候，郑艳做了妈妈。

对很多职场女性来说，在事业发展期是否要孩子，是一个纠结的问题，在她看来，任何一家公司离开任何一个员工都没问题，只是看这个员工是否有价值，在产假结束回到公司时，她依然能继续在公司体现她的价值。一个女人在职场中有了成绩，也不要忽略美满家庭的建设。

说到孩子，她有个印象特别深的女同事，生产之后，把小孩放在老家，只有过年过节她才能回家，工作特别玩命，她说工作就是为了孩子，以后要让孩子有好的教育。郑艳说，她的这位同事已经没有办法去真正地思考，孩子想要的究竟是什么了。一开始，同事大部分的时间都用在工作上，她说她很享受这样的工作。但是过了两年，她还是辞职了，在家乡附近的城市找了一份工作，她说那儿离孩子更近。其实每一个母亲都是如此，无论她说什么，内心想得更多的，还是孩子。

女人只有在做了母亲之后，才知道自己真正想要的是什么！

2009 年 7 月 1 日，她又被猎头挖到了红帽软件。

从壳牌到卓越亚马逊再到红帽软件，郑艳供职的每一家公司都是业内的航母级公司。

在红帽，她得到了老板极大的信任和支持。她在红帽的老板同样还是女性，还得到了一种在职场中难得的来自老板的体贴，这份体贴让她意识到，生活其实可以和工作一样精彩。

老板最常说的一句话就是："Catherine，所有的事情都会依赖你的判断。"这时候，她更加理解，当一个人身上肩负着别人对你的信任的时候，会产生一种责任感、使命感，而且还会培养出一种大局观，从老板的角度去考虑问题。

遇到事情的时候，她会想出两个方案，让老板来选一个，这样做的好处在于，既表示了对老板的尊重，让老板对中国市场有了一定的了解；又让老板发挥了决策权，让老板觉得自己有参与感、成就感。

在红帽软件工作，有"不定时工作制"。这种不定时工作制让大家都很开心，觉得自己是被信任的，并且让工作和生活保持一种平衡，就可以很好地照顾家庭。

比如有的同事有小孩需要照顾，他就可以先在家照顾一会儿小孩然后再来工作，公司对大家信任，大家也会保证，把每天做了多少小时的工作向公司如实汇报。

那时，郑艳每周有一到两个晚上要跟美国总部电话会议，因为那边是晚上 9 点上班，等那边的老板上班后，她们才能开始谈工作。在她心里，这位老板特别好，是位非常敬业的老太太，快 60 岁了，做事儿很爽快，典型的美国风格。当她在工作中与同级别的同事在解决问题时遇到了阻碍，老板会亲自出面找上一层来解决问题，使很多问题迎刃而解。

她是郑妈妈很敬佩的一位老板，老板管理的地区非常多，有亚太、澳大利亚，还有美国、欧洲。有时候夜里 12 点还在线，郑艳会问她怎么还没有休息，老板说没关系，挂在线上就是怕大家突然有问题找不到自己。

老板的体贴还在于，她会主动说："Catherine，我们改一下我们会议的时间吧，改成你的白天、我的晚上，你的孩子还小，毕竟我的孩子们都已经大了，都已经上班了。”女儿发烧，她告诉老板，老板立即说：“我们今天不要开会了，去照顾你的孩子。”这种人性化的制度，让郑艳对她的下属也很体贴，如果谁说家里有什么事儿，她会让下属赶紧去解决家里的问题。

我有时问她，工作这么忙，怎么带女儿？她说，女儿已经习惯了，她今年三岁半，不到两岁的时候就知道妈妈晚上要开会，有时候她就把女儿抱在怀里开会。反而那个时候，感觉特别幸福，不论工作有多苦，只要家人在身边就觉得甜。

职场再精彩，也别忘记，它只是生活的一部分。

这和很多人说的职场不一样，不是一味地要求员工要心无旁骛地工作，毕竟，我们工作的目的，就是能让家人生活得更好，如果家出现问题了，还能镇定自若坐在办公室上班的，应该不是人类吧？工作，是为了活得更好，而不是过得更惨。

后来，郑艳到了360。第一天见到新老板，又是一位强大人格魅力的老板——周鸿祎。去之前听说他很严肃，不会开玩笑。记得刚到公司没几天，周总在和美国斯坦福大学同学的见面会上说：“我就是外面评论的那样，脾气不太好，但是，我脾气差归差，记性也不好。尤其是记不住员工的错误，骂完就忘。我只针对事情！”说完后自己都乐了。其实，在短短一段时间的接触中，郑艳对这位老板的理解是：性情中人，待人厚道。不管外界对他的评论如何，他总是按照自己的良心做事。怪不得有很多员工从周鸿祎开始创业就跟着他，而且就像媒体报道的那样，奇虎360员工的持股比例是国内公司中最高的。

老板一直秉承着创业的精神在发展360，所以新工作的挑战一点都不轻松。现在的互联网，是全球人才大战，她是HR部门的总监，是公司在这场战争里最前线的战士。

360被评为最受大学生关注的企业，更让她得继续思考，公司的企业文化如何才能更吸引人才，毕竟每个公司都明白人才的重要性，老板也将招聘视为重中之重。面对如此巨大的挑战，郑艳知道她需要付出的努力将是巨大的。

小手抓牢大幸福

职场女性要看重家庭，家人自然会感受到，家庭的温馨和睦也更容易营造。郑妈妈去录《职来职往》，让很多人羡慕，别人喝水、喝咖啡，她喝的是“爱心水”，每天早上，赵哥起来削梨，煮一锅梨水，老婆孩子喝完一杯，再拿水杯装一杯，让老婆带走。冬天还有两个橙子，提前剥好搁在她包里。夏天就是一饭盒的西瓜。据说她小时候曾说过：“如果有一天我当了市长，我保证自己每天都有最好吃的西瓜可以吃！”多么有志向的孩子呀。我认识她一年多了，台上、台下、聚会、出游，她喝的都是自制饮品。

今年圣诞节，艳儿姐还发微博，赵哥给她买了套潜水衣，秀恩爱的那个架势让人看了“很是不爽”。

我就说，艳儿姐，17年了，你俩不吵不打啊？她说也吵，没孩子那会儿吵急了，也装着比画过两下，每次都是老赵挨打。但是很早前他们就约定，吵不能超过15分钟，更不能过夜，只要一方主动找台阶，另一个人必须顺着台阶下来。事儿过了，第二天谁都不许提，不记仇，赶紧忘。后来，她有时候使劲试图记住某次吵架，但都记不住了。经常是吵得挺厉害，还没过一会儿就想不起来因为什么吵架了。她说，职场女性很辛苦，但也容易很强势，因为会不经意把“逻辑分析法”带到生活中。这样不知道是好事还是坏事。有时候要刻意地学会“健忘”，吵完了忘了有利于身心健康，吵一架就一直放不开，还可能继而想到这个人到底适不适合自己，然后冷战、分开，那才是最可怕的。也许往回想想，其实都是些鸡毛蒜皮的小事。估计现在之所以记性不好，都跟这个有关系。

郑妈妈说起当年，她的父母也希望女儿找个经济能力很强的男人，免得女儿以后辛苦。但现在，父母总是说：“老四还是很有眼光的。”钱能买来很多东西，但偏偏就那么点情，钱买不来，永远买不来。没有孩子之前，两个人像一个房子，有水泥但是没有钢筋；有了孩子以后，这是一个钢筋水泥铸就的房子，是有血缘关系的一家人了，有了恩情，两个人就远离了一些争吵。

女生进了职场，这边事业爬坡，那边情感烦扰，甚至后院起火，同时经营好事业和感情似乎真的很难，很多年轻女性可能都面临这个问题。女生都缺乏安全感，再强的女生也怕男人变心。其实，女人的安全感是自己给的。

一方面，自己够强，能生存得挺好，不成为对方的负担，才会更投入地体验两个人的世界。另外，也要想清楚，两个人都不容易，遇事多为对方想想，女人有女人的苦，男人有男人的难。女人怕的是男人不能依赖，其实男人更怕给不好那份依赖。

家庭就是小社会，谁都不付出，家就没了希望；付出盼着回报，可能更容易失望。拥有一个人，就要懂得珍惜。艳儿姐他们两口子很少说“你真好，我爱你”之类的话，但经常讲“谢谢你，辛苦了”。这是对彼此说，你为我做的我看到了，我很珍惜。

情感与工作，有时候本质相通，你要会选择，才能找到属于自己的幸福之道。就像很多年轻人还会纠结，自己在毕业的时候，是去大公司还是小公司呢？

大公司中，让你能见到很多，只要有心，甚至能看到整个公司的运作。每个职员都是一颗螺丝钉，从进入的第一天起，系统是不会为了你暂停一下的，你要在运转中去想办法适应。

小公司系统相对简单，但也更加灵活，职场新人可能获得更多的实操机会。

拿财务来说，大公司还分内审、外审、审计，小公司可能一个屋就齐了；小公司有一个HR行政经理就够了，大公司HR招聘、培训、绩效等六大模块一个也不能少。

人与人不同，这世上也没有一本书，可以负责任地指引谁去哪里。无论在哪里工作，都要有心，有心才能看得到。

可怕的“三三三”

职场、人生、婚姻的经验可以分享，但要自己清楚感受，只有时间，能帮助一个人看清更多。

谁都曾是职场新丁，谁都曾是两手空空。刚进入一个陌生环境，会有种隐隐的不安全感，人感觉不够安全的时候，接受一些事情就有了难度。郑妈妈经常说善待自己、宽容别人，你前面的路就会越走越宽。给自己点时间，给自己点机会，能够更了解别人，能够让别人更了解自己。郑妈妈说，哪怕是她，现在到一个新的环境，也会感觉有些不适应。

换工作的时候，常常感觉上一份已经是百分百的工作量，很饱和。换一个新环境，却发现工作量又多了两三倍，这时候怎么办？有的人一下就垮了。

了解“三三三”很重要，“三三三”：前三天，前三个月，前三年。

有人进入一个新环境，感觉不满意，前三天就走了。有人适应能力不强，前三个月就离开了。还有人经历了三年的时间，了解了这家公司，可是自己的倦怠感开始出来了，感觉每天做的是重复的工作，也就离职了。

无论是哪一种情况，都要多给自己一些时间，想清楚真实的原因是什么，给未来作一个科学的规划，才能避免陷入“三三三”。

一个企业里有三种人：人才、人在、人灾，每个公司都有这三种人。

人才是什么？

这个人不见得在公司，不见得每天都 8 小时坐在这儿、9 点到 6 点走。但公司离不开他，他给公司赚取了大量的利润。

人在是什么？

每天 9 点来，6 点走，公司说不出他什么毛病来，让干什么活也都干，但是也不优秀，这活能干，但是从来干得不漂亮。

人灾是什么？

这个人在还不如他不在。

人灾，可能是这个人的工作能力、判断能力有问题，把一件事儿做错了。一个人出现疲劳，或偶尔出现负面情绪，人之常情都没关系。谁能永远不犯错呢，职场无完人。没有谁能完美，只是有的错误，不能犯第二次。

人灾，还可能是他有负面情绪，自己不调整，还影响周边，不仅自己不干活，还影响其他同事。一个人业务和品德都很差，在职场上就真的无路可走了。

在 HR 这个岗位上，怎么做才能成为人才?

郑妈妈说，HR 需要的知识实际上是非常丰富的，不是某一块死板的内容，她自己没什么特别的，但是她感谢做销售的经历，让她跟很多人有了不同。HR 要注重业务，每当她到一家公司的时候，一定从了解这家公司的业务开始，HR 怎么能做到老板的左膀右臂，要到一个战略层面，成为战略层面的伙伴，必须要了解业务。一个人不了解业务，坐在业务人的面前指手画脚，那就可笑了。

郑妈妈举了个例子，有个职位叫 HRBP，也就是业务合作伙伴，这个职位是怎么回事呢? 例如团队有 100 个人，HRBP 是团队老板的业务合作伙伴，有一天，团队老板对 HRBP 说:“我想给 A 涨工资，我想把 B 开掉。”

HRBP 如果不懂业务，就不能帮对方来判断，这个人是不是应该涨工资，另外一个人是不是应该离开，就没有发言权说你不能给 A 涨工资，你不能把 B 开掉。作为 HR 要有公平公正性，有责任和义务为公司捍卫权利和公正性。

毕竟有的员工并不是业务不好，他业务可能做得非常好，但是由于种种原因和上司的关系处理得不好，甚至对上司的工作职位有挑战，致使上司不想跟他搞好关系。所以，这时候 HRBP 就显得尤为重要。

人的命运掌握在自己的手上，如果你不了解业务，别人会讨厌你，觉得你指手画脚，耽误业务部门的时间。如果你了解业务，别人会说太棒了，如果没有你他真的不知道该怎么办，多亏你帮了他。

好的 HR 能推动公司更快前进。

《职来职往》是个优秀的 HR

郑妈妈说，《职来职往》这个节目，不但让达人们帮助很多年轻人打开了一个世界，也让达人们通过年轻人看到了一个新世界。

她来到《职来职往》这个舞台，也有一个小故事，当时郑妈妈曾经给一个公司的人力做过招聘技巧培训，认识了一个女孩，这个女孩对郑妈妈的印象非常深。那次培训的时候，女孩要问一些问题，在当时，一般人做培训是不会留下手机号的，因为怕学员打电话影响自己的生活，但是郑妈妈把号码留给了她，后来由于种种机缘，这个女孩把这个号码又给了《职来职往》制作人。缘分就这样结下了。

进入《职来职往》后，郑妈妈不是电视人，只是凭心发言。无论镜头是否对准她，她的表情都是一样的，她没有丝毫表演的成分，她没想到这个节目后来让她拥有了那么多可爱的粉丝，她只想老老实实地把 HR 做好。

她从职业态度来分析候选人，她最关心的，是候选人现在应聘的是什么工作，候选人能不能胜任这份工作。她对待每一位选手就像在办公室里面试一样，中肯、实在。

郑妈妈开玩笑说，对节目唯一的不满，是感觉镜头里的她比实际年龄显得大，因为每个人见到她，都说本人比镜头里年轻多了。但“郑妈妈”这个标签，却被大家实实在在地记住了。她也越来越接受这个称呼，因为她确实当之无愧。

有一次我在微博上，转发向阿里母婴捐冬装的公益活动，她看到以后马上开始打包，捐了三次，一大包、两大箱，我们都不知道她捐了三次，但是每次她女儿一看不干家务的妈妈开始翻箱倒柜，就知道妈妈又要捐衣服了。弄得3岁的女儿说了一句："妈妈，别再捐我的了，我没得穿了，怎么办？"甚至最后一次，她把老公刚洗干净马上要穿的衣服也捐了，老公很严肃地问了她一句："您这是帮别人呀，还是败咱家呀？"为了弥补老公和女儿的损失，第二天休息，三个人到商场血拼了一把。

她特别感激《职来职往》，录了一年半了，通过《职来职往》，她结交了很多非常好的朋友，她说人到了一定年龄，就不会想，做一件事能挣多少钱，带来什么名气，而是会因为找到品性相同的人感到兴奋。她觉得品性是更重要的，她是一个特别感性的人，不喜欢那种虚假的东西，她在这里找到了真正的朋友。

有时候达人们在台上针锋相对，她觉得即便如此，在每个人的心里也没有隔阂，因为观点不一致时，敢于表达自己的人，敢于以己度人的人，才真正是善意的。

对于来到《职来职往》的年轻人，她最不能接受毫无准备而来的人，她觉得没有准备是对自己不负责，对其他人不负责，浪费往返时间和录影时间，是一种不尊重。

踏实、认真的年轻人才会更有机会。记得有个女孩想做行政，但是当时她做不了，所有行政的经验她都没有，工作知识也没有，但是她的沟通技巧很好，服从性执行力也不错，在和达人问答的过程中，她从头到尾都很礼貌、有逻辑能力，与人沟通时，她展现出来的淡定、镇定，让人看到她具备一个行政人员起码的素质。后来郑妈妈给了她一份前台的工作。

《职来职往》沟通了两个世界，一个世界，充满朝气；一个世界，经验丰富。

节目不但给了年轻人机会，也给了更多过来人认识年轻人的机会。郑妈妈说，这是个丰富的舞台，她经常会被一些年轻人打动，这个节目改变了她对一些年轻人的看法，她原以为 80 后、90 后的孩子是不能吃苦的，但在《职来职往》中，她看到了这些孩子的另一面，他们也在热血，也在拼搏，为家人工作，为自己增值。

郑妈妈说，有的人几乎让她敬佩。她说不怕把词儿说大了，她似乎看到国家的希望，因为她内心真是这么想的。

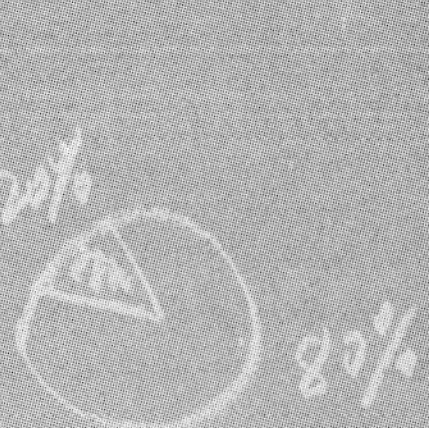

$E = MC^2$

多一个人和你分享
少一点难自己肩扛

岳岫山：

比别人更拼命只因有个好爹

《职来职往》里有很多外表跟实际年龄不符的人，比如爱奇艺的老葛，70 年代中的人有张 60 年代初的脸；比如万博宣伟的刘希平，50 年代的他有颗 90 年代的心。但真正让我大吃一惊的，却另有其人。

岳岫山，打这几个字儿之前，我真的有点担心，我电脑的输入法能不能敲出那个“岫”字。我有时候会想，他老爸是有多爱山啊？给他起这么个名儿，三个山摞一块儿。

从在节目上见他第一面，到后来大家一起吃吃喝喝，我都觉得他是优秀男人的典范，成熟、稳重、顾家、专业。提到北京城大大小小的孩子喜欢去的地儿，他都特清楚，因为只要他有时间，就带儿子去游乐场、动物园、科技馆。你问他个买房手续的问题，他能给你耐心讲半个钟头，所有能想到的细节，按揭的手续，需要什么样的资质，全让你明白。第二天你讲给别人时，自己都能变成专家，这是专业的精神。

直到有一天，我才知道，他就只大我一岁，我的世界崩塌了，一直被更年轻的朋友认为年轻有为的我，居然距离他那么远，不是物质上的差距，而是生活上的距离，远到足以跨越几个 365 天。

岳岫山的父亲叫岳成，老爷子被评为“全国十佳律师”，20年前成立的“岳成律师事务所”，分所已经遍布北京、上海、广州、哈尔滨、大庆、三亚乃至纽约。岳成老师比岳岫山以及他的哥哥岳运生有名多了，我在主持《职来职往》之前，主持过中国教育台的海峡两岸大学生辩论赛，岳成老师就是几场比赛的主评审。

这只是我知道的，江湖上对老爷子的敬仰和尊重，一定还有许多是我所不知道的。所以，不难想象，在很多年里面，或许直到现在，岳岫山被人介绍的时候，介绍人都会说，这是岳成老师的儿子。

这是我感同身受的，因为我的父亲在山东的电视圈耕耘30年，又培养了上千名学生，我在山东台实习的时候，总被人介绍成，这是李主任的儿子。父亲的荫庇有时会是福祉，有时更像压力，让人总要努力证明自己的价值，总要努力不让老爸丢脸。

所以，这本书里我一定要写到岳岫山，为了这个拼爹的年代和为了爹而拼出的自己。

当律师得吃得了百样饭

岳岫山是 1978 年出生的，他父亲也是那个时候成了一名律师，是新中国的第一批律师。

他说他对父亲做律师的印象，比较深的时候已经是自己上初中了。这是什么孩子？初中以前都不记事儿？又或者，是岳老爷子在岫山上初中前都很神秘？

好吧，不能开律师的玩笑，说正事儿。

岳岫山上了初中后，父亲经常把一些朋友请到家里来吃饭，那时候他们家已经从县城搬到哈尔滨了。

在 20 世纪 90 年代初，下馆子是件非常奢侈的事儿，请客基本上就在家里解决。他父亲为了招待朋友来家里吃饭，专门弄了个 20 人的大桌面，每次客人来，得把桌面从外头滚进屋里，架在四方桌上，上面再搁一个转盘。他母亲负责下厨，一做就做 20 多人的饭菜。那会儿他觉得父亲这工作，就是天天请朋友吃饭。

在岳岫山的印象里，那会儿父亲还隔三差五地出差，最远的一回去了广州，回来时父亲特意给家里买了一大箱芒果。90 年代初黑龙江长大的孩子哪儿见过芒果？那是他头一次吃芒果，隔着箱子都能闻到香味，吃到嘴里真甜。他觉得原来做律师还能全国各地跑，还能带回好多好吃的东西。

到了冬天，东北的每家每户楼道里都得存大白菜和土豆，因为一年有好几个月是雪天，新鲜蔬菜在东北的冬天算是奢侈品。有时候会有陌生人来拜访他父亲，扛点土豆、干豆腐、粉条，更奢侈点的送些猪肉，还有送油的，这都是大礼了。大半时候，他父亲会再带着他给人家还礼，送还同样价值的礼物，只记得父亲说那些人条件也不宽裕，这时他感觉，原来律师是很受人尊重的。

当然，律师到底是干什么的，他并不清楚，因为他父亲从来没有在家里跟他们讲过业务方面的事儿。

1992年，岳屾山上高中了，他父亲经常骑着家里唯一的一辆自行车送他去学校，偶尔有时间还跟老师聊聊他的学习，老师就会在课上说，岳屾山，你爸是大律师，以后你也做律师吧。被人说的次数多了，他就习惯了，在高中时期，他就没想过除了律师之外，自己还可能做什么别的工作。

打那以后，一切好像是顺理成章的。高中毕业后，顺理成章地考上了中国政法大学，顺理成章地学法律，顺理成章地从大一开始假期就去父亲的所里实习，顺理成章地每天得穿西装打领带，这身装扮一穿就穿了将近20年。

那会儿他们全家已经搬到了北京。去所里实习的前一天，他母亲带着他去买了他人生的第一套西装。他说起《职来职往》里有个求职者，那天上节目穿的西装是自己刚买的第一套西装，我当时还说男人的第一套西装总是特别肥大，他笑着说他也是那样的。他还记得当时是在安定门买的，花了500元，一套深蓝色的西装。尺码是往大了买的，就是想这么贵的衣服得多穿几年，万一以后长胖的话也不怕穿不进去，而且中国人冬天穿西装，不是还流行里面穿毛衣嘛。

买了西装，就不能浪费。一到了假期，别的同学都可以放假休息了，他就得天天穿上西装，跟着父亲去上班。因为他还是个法学院的学生，只能说接触一下律师的业务，每个律师办完一个案子，都要总结一个卷宗，他只有资格看看卷宗，看看起诉状、答辩状、开庭笔录、律师代理词，最后再看判决书，看法官是怎么认定的，再做点记录什么的，一个假期就干这个了。

有人说了，一个假期几十天，天天这样啊？对，天天这样，如果一天不去，会被老爸骂到死。不能约同学看个电影、吃个饭什么的吗？看电影是不可能的，吃饭倒是可以。跟同学吃？陪老爸吃！

律师最累的地方在哪儿呢？有些事儿在所里跟人家谈，下班了，没谈完，只能找地儿边吃饭边谈，不能在家吃饭。父亲的午饭、晚饭，全都要用来谈事儿，他也不能自己回家，得陪着父亲，这也是学习的好机会，最忙的一个礼拜，他们就回家吃了一次晚饭。

这还不是最辛苦的，还有呢。在父亲的事务所实习，是没有周六周日休息的，岳成老师不要求别的律师周末上班，但他自己和三个学法律的儿女，周末都得去加班。也就是说，在那个事务所里，岳家的人从来没有休息日，直到现在，他们兄妹几个还有这个习惯，周末如果不去上班，心里就有点不踏实。

杨家将才懂杨家的苦

很多人以为，岳屾山在念大学的时候，有一点，肯定比很多同学有优势，他肯定不用担心找不到工作。听上去似乎没错，但仔细想想，他有别的可选吗？或者说，在那些叔叔伯伯眼里，他有的选吗？岳成的儿子啊，学法律的啊。可要是没有通过司法考试怎么办？那怎么能行呢？岳成的儿子啊！学法律的啊！

那是“司法考试”还叫“律师考试”的年代。第一次考的时候，他上大三，刚学了刑法，考完后差了 4 分，心想才差 4 分，下次准过。

第二次，大四刚开学又去考，差了 6 分，他有点急了。

第三次，大学一毕业就考了，差了 10 分，他越来越没信心了。

第四次，隔了两年再去考，还是差 10 分，他在家里都不好意思提这事儿了。

其他学法律的同学可能无法体会那有多尴尬，父亲、哥哥、姐姐、爱人、自己，一家人里有五口是干法律的，其他人都有律师资格证，就自己没有。第一次是跟姐姐一起考的，姐姐过了，他没过；第二次是和女朋友（现在的爱人）一起考的，女朋友过了，他没过。最讨厌的是，其他家人都是一次过关，他四次都挂了！记得每年公布成绩后父亲都会说一句“庄稼不收年年种”。其间的压力，是很难有人能设身处地地体会到的。

华山一条路，只有接着考。他特别清楚，如果考不过他就没资格做律师，就没资格去接案子，也没颜面去跟着同事做案子。上辅导班，白天上班，晚上自己补习，临考前的四五个月，他连每天吃饭睡觉的时间都要精确算计，终于，第五次，他考过了，考到“律师考试”都改名叫“司法考试”的时候才考过。

很多年后，老岳经常自嘲，考五次，每次都看书复习，会让自己的理论知识更扎实，因为每年都在复习同样的理论知识。这是自嘲的说法，但这种不断地复习，在后来的工作中对他的影响真的很大。

法条就一句话在那儿放着，到底该怎么理解，是需要理论知识支撑的。比如，“一事不再理”，就五个字，学法律的人都明白，但你跟别人讲，跟没学过法律的人讲，得能讲得清楚。

当然，这也是门第出身的压力。我也有些朋友，大学学的是法律，大学毕业前，司法考试没通过，没通过就没通过呗，反正还可以转行。干其他行业还吃香呢，人家觉得你是学法律的，来干电视了，你比我们都懂法律，你真厉害。没人去管你到底有没有资格证，外行人没这个概念。但自己老爸是干这个的，老爸倒是不说，不拿话逼你，但是他不说比说还让人难受呢。

老岳说，平时父亲管他们管得也不是特别多，大方向上的事儿会管一管，其他的事也不管。其实他父亲是一个特节俭的人，如果老岳花1000块钱，买件休闲服，就是上班穿不了的那种衣服，老爷子知道了，可能会说些什么。但要是老岳花2000块钱，买套上班能穿的西装，老爷子会觉得这个不错，为自己形象负责。这种观念有意思，对子女的要求，一切以工作为先，生活观念都得服从工作。

在岳成律所，过年的放假安排，也是一个独特的企业文化。其他律师都回家过年了，岳家的人年三十正常上班，而且直到年三十下午三点才开始放假。为什么这样？

有一年阴历腊月二十九那天，岳家的人还在加班，正好有单位来聘请法律顾问，大年三十那天签了合同。来的单位那会儿叫内贸部欧洲中心，专门对俄罗斯的一个部门，就和他们建立起了法律顾问合作关系，一直合作到现在，十几年了。

看来加班是加对了，岳成老师就是这样认为。所以，每年一说要放松放松、年三十就开始休假吧，老爷子就立即拿这个出来说事，年三十还是得加班。

在这个家庭，工作上不允许有任何松懈，年复一年，每天早上8点半上班，如果老岳8点半之前不到单位肯定挨批评。

我突然想起来，有时候我们录完节目，大家会一起聚聚，就问他，你每次陪我们聚会到那么晚，有时候两三点才散，第二天还得准时上班吗?

老岳说，一样，第二天 8 点半之前必须到单位。

我突然有点儿负罪感，可能看到这儿，节目里的兄弟姐妹，尤其是每次聚会不让老岳提前走的那几位，马丁、思岩、李颖，你们是不是也觉得自己对不住老岳了?

原来一个靠谱的家族企业里，家族的姓氏，意味着你要比别人更加小心翼翼、兢兢业业地付出。老岳告诉我，在家族企业里，谁都会把你当做资方。要求 8 点半上班，有的员工晚一点到，你不能太苛刻。但你要求大家那么做，自己每天 9 点多到，员工会怎么想? 自己要无条件地做表率，先把自己做好了，8 点半之前到，穿西装打领带，才有资格管理员工。

最不人性化的人性

总听老岳说上班要穿西装打领带，我问他，难道你们岳成律所，不可以穿成我这样进去吗?

他说，当然欢迎你随时去我们所，穿成什么样都可以，只要不光着。但是我们所里的工作人员，必须穿西装打领带。

我说，不用说，女员工穿裙子一定不能在膝盖以上咯?

他笑笑说，这是职业要求，是对法律工作的严谨态度，也是对所有当事人的尊重。

这是真的，连他们所的最高领导也不例外。

当然，老爷子年纪越来越大了，60 多的岁数，还要应对高强度的工作，这两年家人朋友都劝他运动运动，他偶尔会去打打高尔夫球。老爷子现在只要是不打球，每天早上 8 点半之前都会准时到所。即便去打球，也是中午回到所里，如果穿着球衫，就绝不去律师办公区。没穿西装打领带，他不好意思去，老爷子觉得，我要求人家怎么穿，我在办公区就得怎么穿。

最有意思的是到了夏天，北京的夏天不是特别热吗？你猜他怎么着？老爷子叫人把空调调到最低，谁不穿西装谁就得冻着，而且告诉别人，这个空调只有他能动，谁都不准动。

他说这是一个律师的形象，当事人来寻求你的帮助的时候，律师如果给人的第一印象没有精气神，那就没法给人信任感，所以律师必须注意形象。他们所里的律师，不许留胡子，不许留长指甲，女生不能涂有颜色的指甲……裙子不能太短那只是其中的一条。只是在《职来职往》，因为有一期节目只强调了裙子，观众就记住了，岳成律所不准穿短裙。

有一次，老岳中午去吃饭，把领带解开了，回来一休息就没戴。后来想去洗手间，走到半路一想不对，赶紧回到办公室，把领带戴上再去洗手间。因为从他的办公室到洗手间，要经过前台，等于说大庭广众之下能被所有人看到，就算实在憋不住赶着上洗手间也不行。

他们所还真有人因为不打领带、因为着装问题被请走人的。因为一个律师，不能按照单位的统一标准来要求自己，是对其他人的不公平、不尊重。不能一视同仁，对企业整体都会有伤害。

在家族企业里，员工的自由度比老板的自由度更高，老板反而要更严苛地要求自己，甚至比对员工的要求还要严格，这样才能服众，才不会让员工觉得老板为所欲为，才更能保持这个行业的严谨。

老岳说，律师是个绝对专业的事儿，像他做这份工作 10 多年了，但不懂的事儿绝对不瞎掺和。遇到不熟悉的业务领域，他只是在一边听一下，最多稍微提一些自己的建议，绝不跟人家说这个不对，那个应该怎么做，如果不懂还乱说，会让人笑死。

在他们所里，岳成老师说绝不能多头管理，一个律所里只有两个声音，一个声音是岳成，这是企业的行政领导，另一个声音是老岳他哥，企业的业务领导。

老岳的爱人也在这个所里工作，即便两人回家了，在他爱人的工作范围内，不该老岳处理的事儿，他也不能说话，这就是家族企业必须自律的。否则，家族企业就太可怕了，四个人都在里边，四个人有四个意见，员工就不知道该听谁的了。

这点大家应该都能理解，看了那么多 TVB 的电视剧，那些最后倒掉的家族企业，不是有个多事儿的小姨子，就是有个吃里爬外的小舅子。

有时候，老岳跟员工之间，都要小心翼翼地逾越一些心理上的障碍，慢慢地才能成为朋友。就说大家一块儿吃饭，同事有个小聚餐，人家在一块儿聊得挺热闹，他一去，大家就放不开聊了，万一聊着什么话题聊到老板呢，再怎么讲，岳岫山都是老板的儿子，大家就会不放松。

二十四五岁时的岳岫山，刚进所里头两年，因为这个有过一段感到特孤独的时期。一到吃饭时间，大家都是拉帮结伙一块去，他是一个很敏感又很自觉的人，永远只能自己打自己的饭，自己吃自己的。后来慢慢地跟一些同事熟了，才真的能坐到一块儿吃了。

所以到现在，老岳在想跟大家稍微亲近的同时，也会注意尺度。为自己好，更为同事好。

这些年，老岳的工作得心应手了，孩子也不用太费心了，就花更多时间去深造学习，学企业的管理，琢磨家族企业格外要面对的特型管理。他说，企业要留人，除了保证对员工基本的尊重，更要在乎给员工看得到的实惠，用有吸引力的条件来留人，单靠个人魅力太脆弱。更多的是靠管理和制度，重视两个字：公平。

但有的时候，这两个字也是最不好掌握的，他说因为每个人都有个人的主观性，看一个人好，就算天怒人怨了，都觉得好；看一个人烦，也许人家工作特别认真，是最辛苦的一个，但就是语调都可能让人产生反感。

有的员工辛苦了一两年，就因为一句话，老板跟同事就忽略了你是最辛苦的老黄牛。其实人都是一样的，都是会瞬间失忆的，所以，人际交往中说话特别重要。

就像律所里招律师助理，有时候集中面试，说话、表情给人感觉舒服的，面试官对他的容忍度就会很大，就算说话有点磕磕绊绊，也会想这孩子可能有点紧张。如果说话的表情习惯让人不舒服的，稍微一磕绊，面试官就会想这人怎么这样，说话这么不利索，直接影响到律师的工作形象。

眼缘，跟人长得漂亮不漂亮没关系，是没有隔阂、没有距离的感觉，是让人看着舒不舒服。

不要盲目乐观，也不必过分悲观，人都是有主观性的，这个人喜欢你，那个人不一定喜欢你；这个人不喜欢你，可能还有别的人喜欢你。老天爷是公平的。

律师也得婆婆妈妈

看到现在非常职业、侃侃而谈的岳律师，我特别想知道，他第一次站在法庭为当事人辩护，是什么样子。

他记得自己第一次出庭有点戏剧性，是坐在被告席，而且还败诉了，一审二审都败诉了。当时就在他们单位附近的法庭，虽然过程和结果都不完美，但那次他确实是整个诉讼流程都亲身跟下来，学到了很多经验。

我笑他说，这个开局真够尴尬的，就像我们做主持人的，第一次主持就从开头结巴到结尾，下来肯定被领导骂死，你没被你爸批吗？

他承认在工作方面，不可避免地会受到父亲的影响，因为那就是他的领导，从上学、毕业到最后做律师，顺理成章一套下来都在受父亲的影响。有时候也有不认同的时候，不过胳膊拧不过大腿，一方面要尊重老人，另一方面从小到大他都挺怕父亲的。但往往最后的结果，都会验证父亲的决定是对的，毕竟这是三四十年的经验基础，姜终究还是老的辣。

好多刚毕业的学生，为什么想去做总经理助理？为什么要在老板身边跟着？因为老板的知识体系、观点，甚至老板接触的人，对年轻人来讲，帮助都是非常大的。

一个案件，听别人讲一遍，老岳还在那儿琢磨，过多地纠结于表面，纠结于技巧方面，父亲一句话就能点出这个案子的症结，跟在一个成熟的律师身边，确实能学到好多东西。

法条是在那里摆着的，就像民事诉讼法有 200 多条，相关意见还有好多司法解释，加一块儿也得有三四百条，这些法条怎么运用，碰到差不多的事情时，怎么处理，真的是需要经验的。没有一个人在前面引路的话，就容易走错，而且律师可能会碰到各种事情。

而对于开庭的技巧，除了要有个有经验的律师带着，还要自己来学习该怎么做。现在开庭的时候，老岳会准备几张白纸，白纸中间画一条竖线，左边是原告，右边是被告，对方怎么举证，自己如何质证，就会一目了然，这也是跟一位有经验的老律师学的一招。

律师的经验分两种，一种是生活经验，一种是专业经验。

比如说房子漏水了，是水龙头漏水还是管道漏水，或者是管道节点漏水，这都是生活经验，这是律师需要具备的。

一个案件，法院碰到这种事情一般会怎么处理，这就是专业经验。

对于生活经验的积累，就是在生活中必须做一个有心人。开车的经验，对车型熟悉的经验，会有利于面对一些交通案件的受理；家里装修，老岳再忙也跟着掺和一下，这样会对装修的案件更加了解。这就是知识面的一个扩展，知识面开阔了，跟当事人讲一些法律的事儿时，知识经验立马就用得上了。

老岳以前就碰到过一个案件，是一个套牌车肇事。原告起诉说这辆车撞了人，把人送到医院，留了 1000 块钱以后就再也找不着了。通过查询这个车号，起诉了他的当事人，作为律师就需要在法庭上对这个证据进行质证。

他调查了违章录像，发现肇事车是一个套牌车，为什么？因为在交警系统的录像里有两辆车都是这个牌照，而两辆车的车型是不一样的，其中有一个细节：他当事人的车，是一辆银色奔驰面包车，车很大，而肇事车是一辆广本奥德赛。

在法庭上，他就问原告说，你上肇事车的时候，在你的印象当中，边上是一个什么样的座位？

是一个独立的座位。

你坐在司机的哪个方位?

司机的右后方。

你后边有没有座位?

后边有一排座位。

你后边的后边还有没有座位?

没有了。

他说这第一证明了这个车是三排。

再问，你身高多少?

一米七多一点。

你上车时是低了下头进去的? 还是直接就上去的?

低了一点头，车要比我矮一点。

通过这些细节，老岳拿出当事人车辆的说明书和之前到广本 4S 店拿到的奥德赛的说明书，跟法官说，奥德赛是三排座，而奔驰面包车是四排座，对方也说他坐的车是三排座。奥德赛车高一米六，而奔驰面包车是一米八，他身高一米七多一点，他说是低头进去的，所以，如果他上奔驰面包车是不需要低头的，抬脚就可以上车。另外这辆奔驰面包车的套牌车，经过查证，就是一辆奥德赛，通过这几个细节说明，撞他的车是奥德赛，不是我们的奔驰面包车，所以我们不承担责任。这就是一个细心的律师、成熟的律师的一个小例子。

刚毕业的学生，可能接到大案子吗? 律所的风险是什么? 就是年轻律师把案子做砸了。貌似一个案子的损失不算什么，但是案子背后的损失是没法弥补的，可能导致当事人身边所有的人，以后都不信任这家律师事务所了。很多刚进入律师行业的年轻人，做不了大案子，甚至没有案子，挣的钱很少，但正是一个经验积累的时期。

年轻人就像做学徒一样，在做学徒的初期，不能对自己的薪水要求过高，因为培训的成本在里面。

要风光舞袖先逆来顺受

我无意中发现做律师的老岳有个弱点，就是吵个什么事儿嘴挺笨的，这还是在我们吃饭的时候发现的，每次刘同、马丁甚至郑妈妈在跟他争个家长里短的事儿，输的都是他，完全不是我们在电视剧里看到的律师那么伶牙俐齿。

他说这其实是律师挺有意思、又挺矛盾的一个现象，因为大多数时候，律师在法庭上跟对方的辩论，是有固定模式的，你说完之后我再说。好多做律师的人的确不适合跟人吵架。在现实生活中，吵架往往是什么样的人能吵赢？嗓门大、说话快、能压住不让人说话的。律师往往不是这种，他们已经习惯法庭的那种交错式的辩论方式。

我说这挺好啊，你跟你媳妇都是律师，家里有矛盾两人都不会吵起来，公说完婆再说嘛。

他说的确如此，他和他老婆在家很少吵架，不只在家里，在单位也是。也不可能跟其他人似的，在单位大吵一架，撂挑子走人，因为他没法换工作。从业 13 年，他基本没想过换工作，更没想过跳槽。

他说第一，他真的不能不干这行，从小到大，上学、工作、谈恋爱，满脑子都是律师这俩字儿。

第二，他不能不在父亲手下干，谁都知道他是岳成的儿子，他跳槽去哪儿人家都不会接收，搞不好还怀疑是岳成律所派去的间谍呢。

2006 年，曾经发生过一件事儿，律所在广州的分所一直是个老员工负责，那个老员工突然发了一个传真，说要离职，所里就要派人去接手。总部这边问了一圈，大家都不爱去，家都在北京，广州那边业务又比北京的差很多，后来父亲想了想说，岳屾山你去吧。不容辩驳，唯一考量到的就是，那时候老岳刚结婚一年多，就让他爱人跟他一块儿去。

老岳多年养成了一个习惯，就是父亲说让干吗他就干吗，让去广州，行，抓紧订票，两天之后就飞去广州了。两人在广州，人生地不熟，但硬是只花了一两个月时间，就把原来的关系处好了，新的关系也大幅度拓展，基本上业务都理顺了。

2007 年，他们又在三亚开分所，还是没人愿意去，还是让他去，这次，儿子刚出生不到四个月。去就去呗，买了机票就去了三亚，在三亚又待了将近一年。

那两年他就是这样，像个救火队员似的，大老板指哪儿他就得打哪儿，还没法反抗，谁能跟自己老爹吵架发火啊？

我问他，说实话，你就没有生过气？没想过一走了之算了？

他说，能没有吗，自己也是有情绪的凡人！他是在智联招聘上有简历的人。好早以前，他就编了一个简历，投了几家，有通知他去面试的，但他没去。他投的都不是律师事务所，是公司法务。他说对方如果是在他投简历的 24 小时内通知他去面试，没准儿就去了，有一个公司第三天才通知他去面试，那会儿他生家里的闷气已经消了，要不还指不定现在在哪儿呢。他说他们家人有个共同特点，脾气来得快，去得也快。

我特怕岳成老师看到我这本书，因为到现在，老爷子都不知道，原来自己的小儿子居然背着自己上网投过简历。可万一看到了，我相信老爷子也就当个笑话一笑了之了，毕竟那是岳屾山还是小岳的时候，现在不都叫他老岳了吗？

老岳说，其实律师是个很松散、很具灵活性的工作，不会像其他企业的员工，严格按照制度来，所以相应的，提高业务能力也就不是一朝一夕的事儿，真的要做到活到老、学到老。

像这样充当救火队员的事儿，如果不是在自己的家族企业里，这种机会可能还真不会落到自己头上，你说我不想去，老板都不好意思逼你去。但是一个人在一个新的环境，独立梳理一个事务所的关系，对一个年轻律师而言，的确锻炼很大，甚至可以让人在短短的一年时间里，积累起平时三四年都学不到的经验。

所以，在律师行业里的年轻朋友，千万不要拒绝任何一份内心抗拒的苦差，因为这份工作在10年后，对你来说，可能会变成一份美差。

去年流行拼爹，今年流行拼我

我跟老岳说，今年过年的时候，我发过一篇微博，最后一句是“去年流行拼爹，今年流行拼我”。

他说他特别感谢《职来职往》，现在走到哪儿，人家都说，这不是《职来职往》里的岳律师吗？到美国出差都有人认出他，这让他终于找到一点存在感了。

刚入行头些年，走到哪儿，人家都说这是岳成的儿子，有时候开会时别人都会这么提，这个头衔让人挺难受的，也容易让人觉得自己挺失败的。

有一次，他去人大法学院跟同学们座谈，说得很实在，说他跟大家真的不一样，他有一个好爹，毕业不用愁找工作。但是永远也不能换工作，只要老爹不把自己开除，自己就得为家族干下去。也许正是因为没有生活压力，所以司法考试才考了5年。听到这儿，在场的同学都乐了，老岳也乐了，是无奈的乐。

他给同学们的建议是，当拼爹拼不过别人，咱就让咱儿子拼得过别人，咱自己做一个好爹。

其实，岳屾山的第一步到第二步，可能是比“李屾山”迈得快点，但是岳屾山和“李屾山”的第三步到第十步，两人付出的努力是一样的，可能岳屾山付出的还要更多。

管理家族企业，既要管经营，又要懂业务，不是一件容易的事情。在自己家的企业里做事儿，真的是要“夹着尾巴做人”，万不敢给员工留下飞扬跋扈的印象，否则企业就真的留不住人了。家族企业的管理者通常也有先天的“自卑”，没错，是自卑，跟所有的员工不敢轻易说狠话，除非业务争辩的时候敢说，但对于一个未知的事件判断时，就得注意说话的分寸。

岳屾山是不敢得罪所里的律师的，他说如果一个律师气急了，转身走了，他得让他爸骂死，你凭什么啊？你是谁啊？你凭什么得罪人家？律师有怨言时，关系好点的就能拿他开开玩笑，埋怨几句都可以，就当开个玩笑了。他没事儿就张罗大家吃吃饭、唱唱歌，做一些工作拉近大家的距离。所以说，现在好多家族企业的第二代，是不想接班的。因为承受的压力更大，像律师事务所还好，大家都是专业人士，也没那么多利益关系勾连，凭实力和业内口碑挣钱，谁都不会说什么。如果是大型企业，有些创始元老还在，去接班的时候，大刀阔斧叫不尊重元老、一意孤行；不坚持己见叫扶不起来的阿斗、没有一点主见，要格外用心应对。

老岳喜欢跟一些长者聊天，一个老人家，往往很简单的一句话，对自己的影响就特别大。这句话不是随便能说出来的，一句话可能积累了几十年，将这几十年的人生感悟，总结成一句话。为什么刚毕业的学生，说不出有深度的话？只是因为没有那么多的积累，所以要主动跟一些长者交流，把老人家的东西拿来，用在自己的身上。

老岳说，人在年轻的时候，要学会感谢对自己简单粗暴的人。

我记得有次录节目，一个选手特别听不得重话，他就很平和地跟那个选手说，马丁他那样说话是不对，我都听不惯了，可他给你亮了灯；在我看来，你什么都好，你这儿也好，那儿也好，我就是不亮灯，你觉得哪一种对你更有帮助？

我一直觉得当律师的老岳平时特别啰唆，跟唐三藏似的，可那一瞬间我觉得他好棒，用近乎表演的方式，在最短的时间内，让所有人都明白了一个道理：其实，简单粗暴是我们都不希望看到的，谁愿意得罪人？得罪人能得到什么好处？

但是，对自己在乎的人，是特别容易简单粗暴的，因为关心，就像利益共同体，你要不好我也会受影响，我就得让你好；而那些不相干的人，说好话最容易，你却得不到印象深刻的思考。

这个世界上，家人最容易吵架，伴侣最容易吵架，兄弟最容易吵架，但这些人都是我们最爱的人。所以，请善待每一个和你吵架的人。不光我这样想，连那个啰唆的律师，也是这样想的。

$E=mc^2$

多一个人和你分享
少一点难自己肩扛

李响：

我站在这儿就是要保护每一位求职者

写到这儿，该写写我自己了。本来在策划这本书的时候，我曾经坚持认为，这本书里不应该有我的故事出现，因为这是一本有关职场的书，而我总觉得自己离职场还很远。

但是这本书的责任编辑小美和我的好友夏果果，比我更加坚持，一定要我把自己写进来，角力了很久，我终于妥协，只是坚持把我放在最后面出现。

自己写自己的感觉真的很奇怪，比我原先预想的还要奇怪。我很怕写砸，因为我一直告诉自己，不要装，不要写一本很装的职场书，我想真诚地把很多我看到的、听到的，职场人的故事和年轻的朋友们分享。这也是一年前，我在自己的微博上开始写“响聊聊职场”专栏的初衷。

既然一定要我出现在这本书里，那我就好好地把我的那些事儿跟大家讲讲，和大家分享一个叫李响的主持人，他所干过的靠谱的和不靠谱的事儿。

刚开始录《职来职往》的时候，我压力很大，我不了解职场，却要把握好这样一档节目，真的不知道该怎么办。

刚好有一次，和李静姐一起吃饭，我跟她说到压力的问题，她说这是每个人都会面对的，因为我们是主持人，我们不是某个领域的权威专家。她也做过职场节目，她建议我，不要想自己怎么样，做好主持人分内的事就好，真实地告诉大家，我懂就是懂，不懂就是不懂，不丢人，只要照顾好选手就好了，因为他们才是最不容易的。

静姐的建议对我帮助非常大，甚至让我开始重新思考我的工作。以前的我，可能只在乎现场热不热闹，大家开不开心，自己的表现好不好，反而忽略了最简单的需求，每个人共同的需求：真。

来到节目的每位求职者，都是奔着希望来的，要是家财万贯、好吃好喝，谁会大老远地来费这个劲啊！我也是自己一步步走过来的，我能理解身旁的这个人。他有问题，我先委婉地提醒他，让他注意；他被误解，我得替他说两句好话；他表现完美，我第一个开怀庆祝。我是来帮助求职者的，这个有责任的节目注定了主持人要做这些。

毕竟，我也有梦，梦一直未醒。

感谢爹妈给我个好记性

1979年10月，我出生在一个小县城里，不是百度上说的1980年，虽说我很感谢百度的朋友，让我尊享80后的荣誉，但咱是哪年的就说是哪年的，对不？开头就实话实说，大家才能相信后面的故事。

爸妈都是双职工，20世纪80年代初期，一个双职工的三口之家，其实过得是挺舒服的。我记得每个星期六，我们家有一个词儿叫“改善伙食”，饭桌上能有一只鸡、一条鱼，还有很多肉类的选择。排骨和高压锅，在我们这个年代小孩子的记忆里，就意味着世上最好的美食。哪天要是从幼儿园回家，发现高压锅在冒气，冒出来的气不是米饭的味道，是肉的味道，整个人就疯了。

我小时候特别淘，幼儿园的老师都让我整崩溃了，说我们管不了这孩子，家里就让我提前上了小学。因为我是1979年10月份出生的，按道理我应该到1986年10月份才读书，1986年9月份我还不满7岁，但是家里让我1985年就上学了。

报名的时候我5岁多，老师说“我考考你吧”，大概考的问题就是五加四等于几，十几加上二十几等于几，然后一直问到了三十几加四十几，接近一百的数字，我还是答出来了。老师看我背着手，说你不能在后面掰手指头，你把手拿上来，我就把手拿上来了，他问我问题，我还是能答得出来。老师觉得这小孩儿还挺聪明的，可以来上学。

因为我爸提前教了，觉得这样就可以达到小学一年级的标准了，但是问题后来就发生了。一堂课45分钟我坐不住，第一节课下课10分钟我没想上厕所，就在班里跟别人闹啊、玩啊，然后到了第二节课刚讲没多久，就想上厕所，我站起来直接往教室门口走，老师说“你干吗”，我说“上厕所”，老师说“不行，下课才行”，我说“老师，我憋不住了”，就开始跳，老师只好说“你去吧”。

这种状态一直持续到三年级，我是全班年纪最小的，一直觉得所谓的竞争、出头、当班长那些事儿跟我都没关系，早入学的弊端体现出来了，就是它挺消磨我的进取心。当然，上高中的时候才知道原来还有一些刚到5岁就上小学的人，估计也是被幼儿园撵出来的。

我承认，我确实有一点小优势，我接受东西比别人快，也许我并不努力，也许别人看100本书，我只看20本书，但别人记住了30%，而我能记住80%。去任何一个地方我都熟悉得很快，比方说刚到南京两个月我就可以自己开车，刚到北京一个月也可以自己开车，我去过一次的地方都记得住路线。

我在伦敦待到第三天就可以指路了，带我们一起去的一个总监都吓坏了，说你不是人，是人肉GPS。

我以前做过一个节目叫《白日梦工厂》，里面有十几期都是考记忆力的游戏。比如说8分钟背400多字的台词，还要一字不错；比如说大屏幕上两秒钟换一张图片，图片上是不同的颜色背景，连换20张，结束后我能从头到尾，把20个颜色按顺序说出来。结果这个环节就被取消了，因为做了12期，每期冠军都是我。

我不敢打包票，说这个东西一定是属于我的，也许这是老天爷给我的一份礼物，哪天会不会突然拿走这个礼物，我也不确定。

朋友们说我是个心细的人，我妈粗线条，她有时都不敢相信，能生出我这样的儿子。朋友来我家吃饭，来的时候桌上还是空的，他们坐了二三十分钟，我就通知开饭了，他们问吃什么，我就端出来一个锅子，那个锅子里有肉有菜，炖得像一个火锅，还炒了四五个菜，他们很吃惊。其中有个朋友阑尾炎刚好，我说“你先别动筷子，你不能吃这个，稍微等会儿，你的饭待会儿出来”。过了五分钟，我给他盛了一碗粥，小米跟大米一起熬的粥，病号饭，粥是配着榄菜的。又过了三分钟，我把另外一个锅打开，里面还有一个蒸蛋也是给他预备的。大家吃完聊天的时候，我再从冰箱里拿出来自己做的提拉米苏蛋糕，当餐后甜点。就这么一个男人，一个人干了这些事儿，你说朋友们是不是也挺崩溃的？

我一直在想，我为什么会这样，我跟我爸我妈都不同，我格外在乎这些自己心里的完美状态。也许是在我们的成长过程中，很多看似不经意的身份跟角色，注定了每个人未来在生活中，关注到的和具备的东西各有不同。

我读的高中是山师附中，那是全省重点高中，但我成绩很一般，在学校里会学习的好学生太多了。但一走出那个校门，我看到其他高中的中学生，就觉得自己有一种优越感，这是种挺无聊的虚荣心理，我小时候就是那德行，自己给自己找自豪感。不光在校外，在班里我也能用另外一种方式找到自己的自豪感。

高三了，班里同学都在辛苦地复习，准备高考。我准备考浙广，就是现在的浙江传媒学院，播音专业。先考的是专业课，考完了，全山东省浙广播音专业第三名。当年浙广在山东录取四个人，山东考区发了 20 个专业录取通知书，这 20 个人可以去考文化课，到时候文化课加专业成绩，综合得分的前四名，就可以进入浙广。

我一想我排第三名，不是特别好，但也很不错了，二十分之三，只要不考到第五名以后，我就一定是有学上的。那个时候艺术类的考生文化课总分不计数学成绩，四门课分别是：语文、英语、政治、历史。加起来，我考了 20 个人里的第一名，有学上了。

再好的学生也有软肋，再差的孩子也有骄傲，能找出自己跟别人不一样的地方，找到自己的自豪感，才能建立自信，建立自己的核心竞争力。

足球队和黄健翔帮了忙

去浙广报到的第一天，班主任一看我的履历，高中在学校篮球队，接了 30 多个学生，还没有这样的履历，对我说“你就做体育委员吧”。哟，还没见着其他同学，我就以一个体育委员的身份进寝室了。当时的那小子，多能得瑟啊！

陆陆续续地，寝室的六个哥们儿到齐了，晚上睡觉时，我自卑了。怎么回事儿呢？那五个哥们儿，至少有四个躺在床上聊天，都可以共振床板，通过上下铺的钢架，传到别的床上。我寻思，这帮人的共鸣怎么这么好？我不行啊，我的声音是有点儿沙哑的，他们都是罗京那样的声音，我心想，天哪这怎么办啊，这才一个寝室就这样了，还让不让人活了？

但是，我有一种现实阿 Q 精神，阿 Q 精神是特别不现实的，他琢磨的事儿都不靠谱。什么叫现实阿 Q 精神？就是我可以在现实中找到自己自得其乐的点。

大一时要军训，有一天军训还没结束，一个广告专业的师哥，他把球踢过来了，我就给他踢回去，他说行呀，会踢球吗，我说会啊，其实我不会，我高中一直是打篮球的，但我了解自己，什么东西都能摆出一个挺唬人的架子，前三秒我可以唬到你。他说那加入我们校队吧，我说可以啊，我守门守得很好。他说他们正好缺一个门将，就这样，后面的军训我就不用参加了，咱是校队的人了，咱得训练啊。其实我哪会守门？不过打了几年篮球的人，对面扔过来一个烟灰缸都敢接。

有一次录《职来职往》，选手哭了，通常我都会在兜里放点纸巾，但那天上台的时候我忘拿了，马丁站的是17号位置，离我稍微近点儿，但那也有十五六米的距离，我就跟他比画着要纸巾。他直接从那个位置上，一包纸巾扔过来，我就接住了。那时候现场全体鼓掌，大家都看到了，觉得好厉害啊。但选手不知道大家为什么鼓掌。就是这样，我现在还有这功夫，什么都能接，当然除了油锅。

因为要参加校队训练，我就成了全校唯一一个不用继续军训的新生，校团委特别批准的，班里同学看你眼神儿都不一样了。我还很仗义地拉了几个其他的男生，就问人家，你踢得好是吧，那也进队吧，那几个人也不用军训了。大家都知道，军训最痛苦的时段是，夕阳即将落山，人晒了一天了，疲惫到不行。别的同学都得在那儿站军姿，一动不动，而我们这边儿，踢累了还有冰的饮料喝，多招人恨啊。

因为类似这样的仗义，我迅速在学校里有了一帮朋友，那时候其他新生还互相不太认识，我就有了好多哥们儿了，大部分是球队的。后来那个师哥太忙，没精力当队长了，就推举我接任校足球队队长，我心里又有了一些莫名的自豪感。

到现在，我都特别怀念那些球队的弟兄，全队人走在学校里，就是一道风景线，都一米八的个头（我在其中算矮的），都长得挺帅。大家感情也特别好，其实在大学里，真的幸亏有这个组织，有这个小团体，要不然我觉得我的大学会无聊很多。

我们班班风很好，每个人都在努力，我的努力就在于，如何通过自己的方式，让自己获得存在感。人有存在感的时候，做事儿都会做得很认真。当时，只有声音条件好，才有希望找到一份好工作。我的声音不属于条件好的，后来我看到中央电视台有一个说球的人叫黄健翔，说话不算字正腔圆，但是很有特色。我想我以后可以干这个，只要懂球就行了。

大学头半年，我就跟自己说，我播不了新闻，也不做财经类节目，更不做综艺节目，以后我就做体育节目。别的同学去练声，跟着新闻联播读，看焦点访谈的录像，我就到图书室去借那些足球杂志看。他们在那儿背什么播音吐字发声，气息通过哪里到哪里，声带的振动、口腔的共鸣这些播音理论，我就在那儿记 1986 年的世界杯在哪儿办的，冠军队是谁，成就了一个人叫马拉多纳，他跟英格兰队的一场比赛，一个人过了五六个人；还有 1990 年世界杯发生了什么事儿，1994 年世界杯发生了什么事儿，哪个球队里谁跟谁是兄弟、谁跟谁是父子，就记这些内容，我觉得有一天会用得上。所以到大学毕业时，我已经做了满满 6 本的剪报，那个年代还没有互联网，没有百度，我就做剪报。

我大学的日子就是这么过的，大一开始就决定以后要干什么了。每次小课录像，别人都录新闻播音，我就录足球解说，或者是体育新闻播报，所有的电视台来招人的时候，我都问人家，你们那儿有体育部吗？要人吗？我想，再怎么着，我都可以做体育记者或编辑，肯定能有份工作。

体育主播求职记

第一个面试的机会是去江苏，江苏有线台专门叫我过去，他们看了我们班的毕业录像，觉得我挺不错的，说你考虑一下吧，我们这儿有编制，过几年可能会分房子。我觉得江苏的体育节目应该做得挺好，又有甲 A 球队，又有 CBA 球队。人家说对，不过现在体育部人满了，不招人，让我做综艺节目，我就走了。

后来回山东台实习，山东有线台体育频道，不过只能每天做做配音，出不了图像，因为山东台所有的体育节目，声音都得是央视范儿。那两三个月我一直觉得特别不开心。

这个时候，湖南有一个频道打过来电话，是湖南文体频道，说我们看了你的资料，觉得你挺不错的，听说你一心想干体育，你过来试试吧。2000 年 3 月 30 日我来到了长沙，台里专门派了一辆小车接我，在一个酒店开了一间房让我住，晚上还招呼我吃饭，吃得挺好。

3 月 31 日，带我到台里参观，从团队到制作人、到副总、到总监都见了一遍，总监叫张华立，就是现在湖南卫视的台长。下午安排我化妆试镜，播了一段体育新闻，解说了一段球。说那你明天早点来吧，熟悉熟悉环境。我想熟悉环境，可能是跟山东台一样坐着，看看报纸，需要配音配个音，大部分时间是看着别人工作。

第二天也配了音，但不到 5 点钟的时候，通知我化妆准备上直播。我就这样上直播了，那天是 4 月 1 日，我的电视生涯，居然是从愚人节开始的。我们直播的时间是晚上 7 点半，7 点钟我刚化完妆回到办公室等着，领导突然说，你这个名字有点问题（我以前的名字叫李心），这个名字不响亮。总制作人是一个女的，我们都叫她肖姐，她让大家都给我想名字，每人想三个，好嘛，我 20 岁突然得重新起名字?

各种各样奇怪的名字都有，都不满意。后来我说，叫李响可以吗？我在大学里演过一个话剧，我演男主角，那男主角的名字叫李响，是一个特反传统的黑色幽默话剧，所以男主角才用“理想”的谐音。他们说这个好，从那年的愚人节开始，中国多了一个主持人，叫李响。

我们那个体育组，只有十来个人，制作人要求特别严格，骂人骂得可以毫不留情，除了对女同事，女生错了就数落两句，男生做不好的话就往死里骂。这也是为什么，现在我做节目时，对女生格外照顾，对男生就相对公平，是那个时候养成的习惯。

但是节目组里的感情特好，吃饭都在一块吃，中午吃完饭的保留节目，就是所有人都换上鞋，男生去踢球，女生在旁边晒太阳。踢一小时球，回来洗把脸，接着干活。

甭管领导怎么骂，我们都不觉得那是一种羞辱，就觉得那是一种提点方式，你要是个废柴人家骂都懒得骂你，慢慢就习惯了。各位现在或许无法想象，一个新入职的人会被骂成那样，“你上没上过学啊”、“猪脑子吧你”就这种。但是领导对我们的生活特别关照，有时候我们直播到十一二点，又是一堆人，导播、编辑，那时候租房子都租在差不多的地方，一堆人一起去吃夜宵，炒几个菜，每人一份蛋炒饭，永远在一块，那种感觉特别好。

那个时候全组形成了一个很自然的习惯，分发写稿任务，不管是编辑还是主持人，这对我是个很好的锻炼。早上来了以后，不是闲着没事儿嘛，给你几篇稿子翻译翻译。制作人问我英文行吗，我说还凑合，就让写两篇试试。美联社传来的英文体育新闻，是昨天晚上的赛事，我都看过比赛，写出来改了几处就发了，以后我就自然而然地写起了稿。

《职来职往》的达人强调上进心、进取心、激情，其实不是说你能为企业创造多少价值，一个新人能创造多少价值啊？接触的是最基层的工作，企业不可能指望新人去拉客户，但为什么有这样的要求，就是希望新人可以快速成长。当你有了进取心，你不服输，你的成长速度就是飞快的。

后来他们说你能去采访吗？反正我也没事儿，中午前就写完稿了，下午 5 点以后才开始配音，我就说能。出去采访，只带个摄像师出去，摄像只管拍。在回去的路上就要想好腹稿，这条新闻要哪些镜头，回办公室就写稿，审稿通过了再去配音，自己学着在编辑机上组接画面。

我的本职工作是主持人，同时还做了兼职的编辑、记者。2000 年悉尼奥运会的时候，我跟一个同事，用 15 天走访了 8 位湖南籍奥运选手的家。熊倪、刘璇、李小鹏、杨云、凌洁、乐茂盛、杨霞、龚智超，8 个人的家，分布在湖南省的 6 个城市，我们差不多围着湖南省的行政地区图走了一圈，我要出图像、采访、写稿，回到长沙后，熬了几个通宵，编辑出了 8 期纪录片，每位奥运湘军夺牌后，我们这边就立即播放了他的那条片子。看着自己做的纪录片在奏完国歌、升完国旗后，被立即播出，甭提有多开心了。

这些事，没有任何人说你必须得做，不做也不会被扣工资，做了之后也没人多给一分钱。但是这些做电视的功夫全都学到手了，站在台上主持，脑子里住着的是一个编导，带着编导的思维做主持人，节目一定好看。而且，领导也会看在眼里，会认为这个人很好学，又主持、又采访，还做后期编辑，是个有心人，获得的机会自然也多。

这种日子过了两年多，我现在所有的对电视的判断、敏感、积累，很多要归功于那个时候的锻炼。

那两年多，有五六百天都是被骂的，那就是种团队文化，骂你不是羞辱你，是为了让你记住，下次别再犯同样的低级错误，被骂了两年多，最后感情好得像是一家人。

到了 2002 年，湖南已经没有三大球的职业队了，这对于地方台的体育频道是毁灭性的打击。北京体育频道做得好，是因为北京本身的行政位置、经济实力、城市形象，促进了当地球队的建设，球市火了，体育电视媒体自然有得做，上海、广东、辽宁都是如此。而在湖南做体育节目，越来越不挣钱，还得花大钱买外面的资源，所以体育节目平台，慢慢变成入不敷出的状态，改革的大刀劈了下来。

这一刀，劈断了我的体育梦。

娱乐特种兵的魔鬼训练

湖南广电的改革改到了我们头上，湖南文体频道改成湖南娱乐频道，把体育节目放到了信息频道，一个当时看的人比较少的频道。意思很清楚，先去做，如果还能生存就生存，不能生存就散。后来没两年，那个频道就没了。

当时面临的情况就是这样，我们这个做体育的团队要搬去信息频道，做同样的事儿，但不知道还有多少人会看。当时我在湖南已经有点儿知名度了，频道领导觉得我去了有点可惜，就跟我谈，让我留下，转做娱乐节目。一个个地跟我谈，从娱乐节目的制作人到主任，再到副总监，最后是张华立总监，一直跟我聊。

我斩钉截铁地说走，跟着团队一起走，因为我觉得我舍不得这个团队，他们对我有恩。

这儿要说到一个细节，还是后来一个领导告诉我的。当时我来的时候不是最好的，为什么体育部把我留下了？在我刚实习两三个月的时候，有一天我值班，等着解说晚上 9 点半的英超比赛。我们的大办公室里，角落的位置坐的是我们的总制作人，我就坐她旁边的位置。全办公室只有一台电视，就在那个角落里，当时所有的记者都下班了，只有我跟总制作人在，我在等赛事，她在加班，电视里 CCTV5 正播着一场网球比赛，就我和她在那儿看。

看了一会儿，我想喝水，我拿了自己的杯子，特别自然的，也没问，直接把她的杯子一起拿出去，接满了开水回来，给她把杯子放桌上，就继续看，整个过程我都没有印象了。不是那个领导说起这个细节，我都忘了。

那个领导当时问总制作人，为什么决定留下我，让我正式入职。制作人就给他讲了这个细节，她觉得这个小孩儿特别细心，以后肯定能培养出来。谁都不会想到，包括我自己。没想到一杯水，为我赢得了一份工作。

那个时候没有《裸婚时代》，没有人说“细节打败一切”这句话，但是你倒回去想想看，有时候细节特别吓人。有太多这样的事情，我们当时没觉得什么，后来才知道，注重细节是多么重要。

说回分家的事儿，最后我还是留下了，因为各种各样的原因，还是转行做了娱乐节目。频道总监都出面挽留了，我应该得识抬举吧。没多久，体育部要吃散伙饭了，我觉得大家都走了，就我一个人留了，我很对不起大家。一坐下就自己给自己倒酒，我从来都不喝酒，天生的酒精过敏，可那天我自己一个人喝了八瓶啤酒、一瓶红酒，还有半斤白酒，这都是后来同事告诉我的。7点多开始喝第一杯，9点不到我好像就已经没有意识了，再醒来就已经是第二天下午了，在那个酒店楼上的房间里，我躺在洗手间的地上，扒着浴缸，吐着睡着了。

就那一次，之后我再也没喝成过那样，我也年轻过，也逞过能，也喝过那么多酒。

该发生的总要发生，休整了一个月，我摇身一变，成了一个音乐VJ。主持的节目叫《音乐Y地带》，“Y”代表娱乐也代表音乐，也代表一种叛逆，因为字母设计的是歪的。

我在想，我以前是那种体育范儿，现在做这个节目，怎么做啊？我只能模仿。我一直认为，所有主持人在刚入行的时候，都可以从模仿做起，别提什么风格，风格根本不是你能决定的。所有著名主持人的风格，都是后来被别人定义的。

当我不知道该以什么形象得到大家认可的时候，我就去模仿。我模仿吴大维，因为觉得我俩形似，都是婴儿肥，长得也都挺阳光、挺健康的。

我看了好多他的节目，逼着自己模仿得神似加形似，连他没事儿搓搓手都一样的动作，很有意思，观众看了也觉得挺逗的。而且我以前一直都在写稿嘛，所以我的主持词全是自己写，自己说起来就很生动。再加上音乐节目在那个年代，本来就很吃香，只有电视上能看到MV嘛，所以没用多长时间，就有人给我写信，过了几个月，我每天能收到 100 多封信。

我的心态还算好，包括现在在微博上看评论，我每一条都看。有夸好的，就当他们在夸另一个人；有骂的，也当是在骂另一个人。如果问候到了我的家人，人身攻击直接拉黑。千万不能往心里去，否则心理再强大的人都撑不住。我只会在意真的在提建议的评论，那些才是有思考价值的。

我觉得我这个人命特好，第一，总有好机会，在我需要的时候主动跑过来找我。第二，总有带我的人，他们不会捧着我，他们会给我一种真实的压力，这种压力又会让我很快地成长。当时，《音乐Y地带》的制作人，他写了一个策划案，一个唱歌的比赛，普通人随便报名，不收报名费。好多领导都说，这个节目不好，以前没这样的。他坚持说，这个节目一定要做，一定有人爱看，一直坚持，跟领导吵了好几次。

那个节目就叫《超级男声》，我是主持人，那是 2003 年，第二年就做了《超级女声》，还是我主持。就是这个制作人，是我转型做音乐节目的制作人，每次录影都给我挑刺儿，一年能夸我一次，跟旧社会穷人家过年吃饺子一样稀罕。他当时跟我说，别觉得主持人怎么样，主持人就是长得好、说得顺的编导。你不去干编导的活儿，就根本出不来。他跟我说的这些话我一直记着。

后来我又开始做很多之前没做过的工作，每期节目我们放哪些 MV，我来定。我们几乎每天都会收到好多唱片公司寄来的音乐录影带，像滚石、华谊音乐、EMI 等，我要全看一遍，知道哪些歌红，哪些没那么红。再定主推的明星，周杰伦火肯定要推，王菲火肯定要推，羽泉火肯定要推，还有 S.H.E、F4，当时是新组合，但很多中学生超爱，也要推。歌单列出来，再来写串词，一年 365 天，天天如此，每天半小时，全年无休。

这就是当时我受到的训练。

第一份训练，是在挨骂的过程中迅速成长。

第二份训练，是让我别“飘”起来。

新人每干一份工作，其实都会有一些东西沉淀下来，但是那种沉淀一开始不会察觉，可能真的需要 9 年、10 年以后才会质变。当时我就有一种叛逆情结，你竟然这样说我，好，我一定要做给你看。

第三份训练开始了。当时我不光做常态节目，有一些季播活动也要做，就像《超级女声》这样的。但我做的第一档季播活动，是选美比赛。以前选美只有香港在做，在内地是没有的，我们当时做了一个“星姐选举”，现在还在做，已经 13 年了。我连着做了 9 年，从 2001 年到 2009 年。

那是一个大活动，场场直播，一季有十来场直播，总导演是夏青，就是后来超女的评委夏老师。每次直播我都有一个台本，一个字都不能错，因为要确保每一个设计好的精彩的点。A4 的纸，20 多页，小四号的字，非常厚的台本，提前三天才会拿到，可每天都会改，彩排试了不行的，改掉，重新写。

晚上 8 点钟直播，每次要直播的当天下午 4 点多才能拿到最终版本，夏老师说你把它背下来。当时我没有说这不可能，不敢反抗，就背，新人要有绝对的服从力。

更吓人的是，8 点钟直播，7 点钟进观众，6 点钟一到，导播、摄像、音频、灯光、舞台、制片等所有的幕后人员到位，还有导演坐在观众席的前三排，夏老师也坐在边上说，别拿台本，你现在就是总导演，给大家讲解所有的流程。

那是什么概念？从 8 点钟进片头 15 秒钟，片头完了开场舞，开场舞机位是从哪儿到哪儿，什么样的灯光，开场舞结束之后主持人从哪儿出，是追光还是全场变光，看几号机位，一直讲到最后结束。每次这样讲一遍，直播的时候，我不拿台本，所有流程全在脑子里了。

现在电视行业发展越来越发达，各个工种越来越专业，当时的那种训练方式，只能属于那个时代，现在没有总导演会要求主持人再那样做，但那种训练对于主持人来说，的确是非常有价值的。

万人迷变成千人烦

如果这本书写到我自己，只写我多么能吃苦，受过多么严格的训练，那就没有什么价值。我必须跟大家讲讲，一个人飘了以后是什么样子。

我确实飘过一阵子，最多的时候，我手上同时做 6 档节目，人家说你是湖南娱乐频道的一哥了，湖南卫视又隔三差五地让你去做一些节目。于是，我就开始真把自己当回事儿了。

10 年前，电视台的员工月收入两三千元，在长沙生活就已经很不错了，我每个月有两万多元，手上的节目多嘛。工作才两三年，就买了车、买了房，人也开始膨胀了。

我之前受过训练，让自己的底子很扎实了，所以任何节目我都能做，什么音乐类、大晚会、访谈类、少儿类甚至财经类，都能够顺下来，直播出了任何问题，都可以用自己的小聪明挡过去。

自己在一个小山头做了个山大王，根本不知道外面的天地有多高。

一位领导开会说了句，“我们响哥能力很强”，从那天起，全台上下，甭管年纪多大的人，都叫我响哥。第一次听的时候有点刺耳，觉得有点招架不住，但时间一长，就觉得这是特别理所当然的。那时自己特别不懂事，觉得这就是江湖地位。

每次开会一坐下，就有人问，响哥你喝咖啡还是喝茶，我说今天想喝点冰的，有可乐吗，就有人出去买。晚上吃饭所有人都是盒饭，制片会给我订不一样的。人家服装师把衣服拿过来让我试，我不满意就说：“天哪，这是人穿的吗？”

有几年都是那副德行，现在想想觉得太灾难了。自己觉得天经地义，周围的伙伴人人怨声载道。

直到 2008 年，频道让我去做艺人事业部的主任，我才慢慢地意识到所有问题。当时最多的时候，我要带二三十个人，主持人、选美的艺人、化妆团队、服装团队，还要负责频道宣传、外请嘉宾的接待，事无巨细。

慢慢地我发现，一些年轻人逐渐有了自己的位置，开始有了些名气，也开始膨胀，我觉得这样不好，但仔细一想，好像我以前比他们更甚，他们旁边还有一个响哥，敢骂他们，但我最夸张的时候，没有人会来说我。

带了团队之后，才知道最大的傻瓜是自己，团队和制作人躲着你走的时候，不是大家怕你，是大家讨厌你。说到膨胀，我相信我比任何年轻人都更有资格去面对它，因为我真的膨胀过。

真正的成长会告诉我们，任何人都没有权利伤害他人。

一旦伤害了一个人，同时在自己心里，也就有了一个疙瘩，这个疙瘩要解开特别难。因为是一个死扣，两边的力会相互作用，把这个疙瘩拽得更死。

我开始讨厌自己，纠结于过去和现在的矛盾，我知道，我是被很多东西给捧成这样的，是被惯坏的，所以我选择离开，我辞掉了主任的职务，接下来还准备辞职。

那时，人才能体会到，别人对自己的那种爱。除了以前的容忍和溺爱之外，还有一种，就是对你的原谅和宽容，当我跟台里的领导说我要走的时候，特别多的人都跟我谈话，劝我留下。

可我已经没有勇气和决心，再去面对原来的状态了，当自己突然有一天，可以变得很真诚、很客气、很有礼貌的时候，别人会觉得，你这两天是不是有什么问题啊？我还没有成熟到给自己足够的耐心，去把以前我的负面能量一一消除。

其实，我当时的想法，现在看来简直幼稚至极。虽然做过一些不靠谱的事儿，但同事之间是很容易既往不咎的。而且，作为一个老员工，大家会客观地看待你的固有价值，况且还有很多回忆是美好的，只是我心里只在乎那一部分，自己无法释怀而已。

反正当时，我就告诉自己一定要离开。

跳槽引发的思考

离开之后，去哪儿？

后来有个无厘头的版本，说是江苏卫视挖我，湖南卫视对我不公，我要报复，选择跳槽。当时我还解释了一圈，后来我一想，别解释了，解释了也没人信。

一个培养了我10年的地方，那么多最铁的朋友都在那个城市，还有很多同事后来变成莫逆之交，何谈报复？况且，湖南娱乐频道、湖南卫视又有什么于我不公？我自己都没想明白，好多天生的编剧巧于杜撰，真是佩服。

其实离开之前的两三年，我就已经有了这个念头，对电视的工作失去了热情，想逃离摄像头、聚光灯的生活。可到了真正选择离开的时候，那种感情是很复杂的，夹杂着对自己过去的不满，对同事和团队的不舍，和对自己未来人生选择的决绝。我到现在还记得，离开前的一晚，我在张总的办公室坐了很久，一直在哭，就那样不停地流泪，不停地跟他说着感谢。

当时我已经作了决定，必须离开这个环境，哪怕过着一个月只有一两千块钱的日子，我都要在未知的地方重新来过。

我到了北京，一个向往了很久的城市，当时特别盲目，就觉得做一个幕后的工作都好，就是不要再做主持人，快点离开就意味着可以快点开始。

我在北京待了三个月，找了个临时的地儿住下，白天找朋友聊天，聊的话题都是别的行业，公关的、营销的、金融的；晚上就窝在住处安静地看书。那三个月我看的书，比过去工作10年看的书都要多。

人在那时就会产生很多思考，原来电视之外的世界这么大，原来一个图书出版公司是这样的，原来一个大公司的销售是这样的，原来一个HRD是这样的。我才真正知道，原来自己干的工作，只是很多职业符号里的一种，就像人类觉得地球很大，但是在宇宙里面地球微乎其微。

原来有很多人的光鲜，是我们看不到的，是普通人接收不到的。

因为电视是免费的，所以主持人、演员、歌手才能看上去很风光。没有互联网之前，很多高手是没有被人知道的途径的，只有一小撮人真正了解。不停地看书，跟人聊天，才知道自己的信息有多闭塞，才知道一个 30 岁的男人，原来除了电视之外，好多事儿都不明白，才知道原来我在电视这条路上，也没为自己的人生证明什么。

三个月后，我反而迷茫了，不知道自己当初坚而绝之地离开，是对还是错。就在这时，我接触到了江苏卫视的领导。那时，江苏卫视全新改版不久，王牌的节目叫做《人间》，两位主持人周舟、赵丹军老师也是有着多年电视经验的前辈，可台里没有自己的男主持人，那时孟非老师还在江苏城市频道。江苏台的王总见过我之后，觉得跟他们的选材需求很吻合，希望我可以加盟。

他找到我谈的时候诚意很大，但我心里在打鼓。一是怕他们知道我年少轻狂的故事会失望。二是怕我自己又重蹈覆辙，再来一次。三是担心湖南台怎么看。如果在五六年前还好，那时候还不是如今这样竞争的格局，两个同样强势的媒体，你从一家到另一家，湖南的同事怎么看？湖南的观众怎么想？四是自己在新的团队能不能被认同，也都是个未知数。

有这么多的不确定，所以我想了很久。那段时间真的是理解了“纠结”这个词儿的意思，我回济南住在家里，每天爸妈做好了饭，我胡乱塞两口就回屋，继续把自己关着。说是在屋里看书，一下午翻了两页纸，眼睛看着字儿，什么都没往脑子里去。爸妈特别好，特别清楚我在想什么，但一家三口对这个话题只字不提，他们不给我任何意见，不想左右我的想法，给我添堵，他们想让我自己想明白。就这样想了一个来月，我还是觉得，我要再拼下去。

就像电视剧里演的那样，毒瘾发了，“电视”的毒瘾发了。那种东西，是电视的诱惑，在刺激你的时候，是会上瘾的，还想再来一下。对于职业的那种基因、那种毒瘾，你是消不去的，我想去试试看，虽然第一步就伴随着巨大的压力。我告诉自己，时间也许能改变一切。

现在我在任何场合，包括跟我们江苏台的领导聊天的时候，我都不说任何以前单位、以前同事的小话。对事对人要公平客观地评价，从一个媒体人的角度评价。故意诋毁和捏造一个不是事实的东西，我做不出来。我想，即便自己在新的平台干，干好了，以前的同事依然会为我喝彩，因为我的基础是他们一起帮我夯实的，他们是我职场上的第一拨恩人。

在江苏卫视入职之后，有两个月我没做任何事情，到了差不多 2009 年 6 月份，才开始出现在江苏卫视的屏幕上。我得让自己把原来那些杂七杂八的事情，全都沉淀下来，真正明白自己以后的路该怎么走，还要告诉自己，不用想那么多，人员的移动是正常的。

接下来我要思考，在新的岗位上我要做什么？一定是发挥自己的优势，依托这个平台，创造共同的价值。新的同事、新的领导对我给予了莫大的宽松，没有人催着我立即上手工作，尽量给我时间，让我适应新的环境、新的媒体文化、新的城市。甚至把我生活上的所有细节，都照顾得妥妥当当。

可是，准备哪是说完备就完备的？当我以为自己准备好了再出发时，其实对自己和对新的节目的认知，真的都不够充分。一开始，接手选秀节目、综艺娱乐节目，但大多时候录得心里很疲劳，自己录得都没什么成就感，观众看了怎么可能会觉得精彩？

一年多以后，我跟领导说，不能再这样了，我觉得现在我做的节目跟我性格很不符。其实我私下里是很闷的人，喜欢思考多于爱说爱笑，综艺娱乐节目，很多主持人都可以做，而且做得比我更好，我应该找一些跟自己的想法、感受更契合的节目。

可能有的朋友会说，你是想做一档很有深度的节目呗？有深度？抱歉，我觉得电视节目就是大众娱乐，“有深度”三个字儿显得特别装。什么叫有深度？非得大家都看不懂、听不明白？说到深度，我觉得《非诚勿扰》有深度，《康熙来了》有深度，《快乐大本营》也有深度，虽然一些学者不认可，但是能把老百姓从生活的烦恼中拽出来，让大家乐上一两小时，这就是能耐，就是深度。

我不是一个有深度的人，只是希望我做的节目，让我可以扎进去享受思考、享受感动，享受舞台上让我瞬间汗毛直立的真实。后来我的节目大家都看得到，我挺幸运的，领导们很理解我的想法，继续用他们对我的尊重，给我适合自己的空间。我主持的《职来职往》和《梦想成真》都是我喜欢的节目类型。以前录节目，录完了我就想赶紧逃离回家，去干别的。现在录完之后我会回味很久，在现场跟那些达人、跟李艾聊一两小时，再离开现场，晚上还想在微博上，继续跟大家分享一些东西。

我跟《职来职往》的阴差阳错

这是本关于职场的书，所以我多说一点《职来职往》的事儿，说不好哪天我能有幸写本《响聊聊梦想》，那时咱就多说说《梦想成真》。

可能观众朋友们不知道，我曾经离《职来职往》很近，却又差点没机会站到这个节目里。

2009 年秋天，我到北京出差，幸福教育公司的副总杨金星，就是我刚到江苏卫视时，主持的《名师高徒》的节目制作人，现在《职来职往》的制作人，还有一个制片主任，跟我约在金融街的一个小咖啡馆，告诉我江苏卫视跟中国教育一频道准备合作，做一档新节目。想用《非诚勿扰》的模式，当时《非诚勿扰》已经开始做三四个月了，收视特别好。但我们不做成交友的，我们做成找工作的，大家就开始讨论。

那天我们从晚上八九点钟开始，在一块聊，一直聊到一两点钟人家打烊，外面雨一直不停地在下，我们聊了特别多。现场应该有多少盏灯？灯后面站着的是哪些类型的企业？该站着还是坐着？我们觉得求职者站着，企业高管也该站着，这是对人的一种起码的尊重。

应不应该有一个人独立在企业之外点评？是叫老师？还是起个洋气的称谓 MR.JOB？应该是男士还是女士？

聊到了好多的事儿，策划了特别多的文案。

那次聊天之后我就回南京了，节目筹划组经常发给我最新的开会记录、策划文档，我也会回复自己的意见。过了两个月，这节目要录样片，在南京录，就用《非诚勿扰》的棚，因为这样的话会节省一些开支。

我知道他们要来录了，可是没有人通知我录，这是怎么回事？原来因为那个时候我刚开始做一档《欢喜冤家》的新节目，领导怕我分散精力，两头都顾不好，就让其他同事录制。我觉得没什么，不过心里还是有一点儿小失落。毕竟我对这个节目很感兴趣，前期也投入了很大的精力，一起策划、思考。但我很理解工作的安排，做好一档节目就已经不容易了，也就没再多想，希望可以在《欢喜冤家》尽心尽力。

《职来职往》样片顺利通过了，主持人是我的好友，《武林外传》里可爱的秀才俞恩泰，秀才是博士，知识面广，又温文尔雅，我觉得他主持这档节目特别搭调。

可是秀才本职工作还是演员，大部分时间要在剧组，电视台的常规录制又很耗时间，而且这档节目格外特殊，不能按照主持人的时间来定，因为有这么多的达人，秀才就只能遗憾地告别了《职来职往》。

当时在南京的我，完全不知道，和《职来职往》再续前缘的时刻越来越近了。

我那天正在南京参加表妹的婚礼，席间接到了一个电话，杨总打来的。电话那头说，《职来职往》开始录了，录了两期还没播，你要不要来录第三期?

我嘴里说好，这是工作需要，服从组织安排，心里有些惊讶，继而有些欣喜，终于可以主持这档操心了几个月的节目了。

第二天我就去了北京，马上进入节目组。导演给我准备了之前录过的两期节目，想让我看看熟悉熟悉节目规则。看完之后，在回酒店的路上我想了很久，这是一档完全不同于我以往节目类型的新节目，我该怎么设定我的位置和表达？半路接手的我可以做多久呢?

车到目的地，我也想明白了，反正我是接手救火队员，首先，别把节目代入以往我给别人的印象里去。而且，这是我们一起想了很久的东西，我就大胆地把自己当成来玩儿的，真实地对待每一个人，让大家开心，让虚伪走开，让节奏紧凑。当时我能想到的，只有这些。

去一个个地熟悉每位达人，是必须要做的功课。50 多页的 A4 纸，厚厚的一沓，详细地介绍每家企业的情况、每位企业高管的背景。

这哥们儿挺帅的，跟高仓健似的，还是董事长？资料上说他是北京奥组委的顾问，我说天哪，这人怎么都能被我们请来？名字有点儿土，叫石头。

郑艳，这大姐长得真像于丹啊!

王思岩，怎么那么像佟大为? 这节目是一档模仿秀吗?

尚涛,嚯,这帽子真有型! CCTV《幸运 52》、《非常 6+1》指定造型师!

与其继续看这样第三手的资料，还不如去跟他们聊天。所以从第一天走进《职来职往》的录影棚，我最开心的事儿就是每天跟达人们泡在一起，他们真的都是非常好的人，和他们在一块儿，那种感情是用语言无法解释的，就是很亲，越来越亲。

从第一天起，我就告诉自己，我不懂职场，我不懂 HR。可以说我什么都不懂，但我懂主持，我懂怎么调动这些有内容的人，讲出他们的内容，他们的东西有价值，这档节目就是有价值的。观众不是看我，是看他们。现在现场有很多同学，边看录影边记笔记，我看了好感动，但我知道，那是因为达人老师们的金口玉言，会帮助年轻人更快成长。

借用李静姐在乐峰网说的那句话："你们信我，我信他们!" 我只要能把达人们说话的欲望调动起来就成了，而且只要有序地进行排列、选择就成了。

带着这种心态，我开始了《职来职往》的第一次录制。我录的第一期，江森海招走了一个艺术家，我在台上把推荐信撕了。那个孩子是个北漂，他是学艺术的，家里很穷，他是西北一个农村长大的孩子。他没有羽绒服，冬天就一个羊皮袄。为了吃饭，他在工地上搬砖。但到了后半段，他的作品出现在大屏幕上时，所有人都傻掉了，你突然发现他真的有艺术家的光芒，可是他别的什么都不会，就这哥们儿，连北京地铁都不会坐。

最后灯都快灭完了，就留了一盏灯，是江森海。江森海说，我这儿也没办法给你提供一个全职工作，但是我欣赏你的艺术才华，我想让你以后跟我一起混，你画的东西我觉得好，我就印在 T 恤上，挣了钱就分。我觉得不好就告诉你不好，就不用，因为你懂艺术我懂市场。

问他愿不愿意，他说愿意，然后江森海给了他推荐信。推荐信分上下两部分，上面是《职来职往》LOGO，下面写的是“推荐信”，我半路拿过来，从中间把它撕掉了，把推荐信三个字给扔掉了，只留了《职来职往》LOGO，我当时没有想，这个行为是不是出格，因为我不知道录完这期人家节目组还用不用我。

我说，这是一次违规的招聘，他没有给你提供一份五险一金、各种保障的工作，可能只是一份承诺，既然不是工作，就跟推荐信这三个字无关。但是我希望，你记住“职来职往”这四个字，希望你记住这一封残缺的推荐信。因为他会永远告诉你，当所有人都认为你只能搬砖的时候，有这么一个小小的舞台，在这个舞台上，有人看到了你的艺术价值，在艺术这条路上，甭管以后你多孤独，请记得，你被肯定过。

就这样，在让现场很多人被惊吓中，我完成了第一次《职来职往》的录制。

多一个人和你分享，少一点难自己肩扛

在我对面，有很多我认为有思想的人，在节目中我跟他们一起共事，每一个人都有一种力量，每个人都是一道光芒，我是幸运的，可以有这样一个身份和机会，把这些光芒聚成一道光束。

我叫郑艳“郑妈妈”，我叫杨石头“石头哥”，我叫马丁“毒舌”，我叫雷明“黑山老妖”，我不想弄得特别规矩，我觉得这就是生活的状态，

最本真的状态。

职场的事儿，我不会教人怎么写简历，我的任务，就是让大家都记住这些达人的面貌。记住刘同不是特别端的电视制作人，只要有人来应聘主持人，他不耐烦的时候，就开始考我，开始玩儿我，以此来调剂无聊的时间。但不考李响的时候，就意味着他对这个应聘者满意了。

所有这些化学反应，没有设计过，《职来职往》从来没有台本，告诉主持人该说什么，告诉大家该说什么。

我那个夹子，80% 的功能是广告，上面印着好大的冠名商。里面就是四张纸，四个求职者的资料。哪儿毕业的、要应聘什么工作、目标月薪多少、短片什么内容。现在回过头来看，如果这档节目是 2000 年做的，我是刚毕业的大学生，我一定是小心翼翼、按部就班地主持，达人们也会被影响得小心翼翼、按部就班地说话，不会有争吵，不会有嬉笑怒骂，不会有讽刺，不会有冲动，也不会有眼泪。

我在《职来职往》，已经不止一次地哭到失态，哭到像一个被丈夫抛弃的怨妇一样，这在 10 年前的电视上，是绝对不允许出现的。我不想压抑我的性格，我不想说背诵的话。可能被人觉得反传统，但反传统并不等同于颠覆，我没有挑衅，我就是调皮。

我不压制一个人的人性，同时我也不夸大一个人的优点，遇到不对的事儿我们一起仗义执言，遇到不好的现象我们猛烈还击，因为这是一档电视节目，不是一场真正的面试。电视节目，有很多的人在看，我们必须要告诉更多的人，怎么做是不应该的，怎么做是应该的。

或许，《职来职往》也是千百种面试中的一种，是非常简单的一种，我们的面试不是年薪过 500 万的猎头，来挖一个职业经理人，这里就是一份起步的工作，要求真的不高。你只要做好了准备，就很有可能面试成功。

踏踏实实为了一个事儿准备一段很长的时间，很用心地准备，我不相信这个东西是不及格的。

我就是一根高科技的牛皮绳，把所有光芒捆在一起，形成光束，希望能照亮每一条前途莫测的道路，照亮每一个消沉阴郁的心灵，这道光束也蕴涵着温暖的力量、向上的力量，指引我们年轻人战胜心中的那个恶魔，用正直的人性在职场之路上打拼。

当职场新人在路上春风得意的时候，就是我们该转身的时候，也是那些曾经的新人加入我们的时候，我们要把目标重新聚焦到更年轻的另外一群人身上，和他们分享，陪他们成长。每个人心里都有一句话：多一个人和你分享，少一点难自己肩扛。

后记

这是我的第一本个人出版物，也是我第一次在 15 天里，写下了 12 万余字，每天写 15 个小时左右，每天写 1 万字左右。完成书稿后，我长舒了一口气，在这之前，我没想到我可以完成这项工作，这也让我更加痛恨各种盗版行为，因为我深深地体会到了创作的艰辛。

我不敢猜测每一位看这本书的朋友，对它是什么样的评价，我只是用心地写出了我知道的跟我听到的，欢迎你们在我的微博上给出你们真实的评语，无论表扬还是批评，我都会非常感谢。

在拿到这本书后，我想我会先送给我的爸爸妈妈，你们赐予我生命，把一个很难搞的小孩养育成人，每天关心着我的生活、工作，没有你们，我不可能创造我生命中的一切。

我要谢谢《职来职往》，这个节目让我在 32 岁的年纪，又一次成长，启发了我对很多事物的思考，给了我一众好朋友，帮助许许多多的年轻人更有希望地站在职场的起跑线上。

谢谢郑艳老师、敖君怡老师、唐宁老师、吴媛媛老师、雷明老师、刘同老师、杨石头老师、王思岩老师、岳岫山老师、陈默老师、夏骄阳老师、申晨老师、刘希平老师、吴威老师、马丁老师、尚涛老师、于洪泽老师、王玺老师、李颖老师、张勇老师，感谢你们把自己最宝贵的职场经验拿出来与我分享，帮助我完成了我的微博里，“响聊聊职场”专栏的第 101 篇到第 200 篇，并给了我启发，有了写这本书的初衷，希望有幸还可以完成第二本、第三本，记录更多励志向上的职场人生。

谢谢江苏电视台的周莉台长，谢谢江苏卫视的景志刚台长、王培杰先生、赵军先生、王希先生、黄斌先生、刘原小姐、景小骥先生、李艾小姐、张烨镝先生、项君先生，谢谢你们对我工作的大力支持，以及生活上无微不至的照顾，更谢谢你们给我很多中肯实在的建议，感谢我们团队的每一位兄弟姐妹。

谢谢中国教育电视台的康宁台长、一频道的李群总监，谢谢幸福教育公司的张践总经理、杨金星小姐，谢谢《职来职往》的制作人文康先生，以及团队里面每一位敬业的同事，谢谢你们对我的支持鼓励和信任，在工作中给你们添过不少麻烦，谢谢你们对我的包容和爱护。

谢谢夏果果小姐，你耐心地用了半年多的时间说服我，让我有勇气接受这本书的写作；谢谢磨铁图书的宋美艳小姐，辛苦地陪我从收集资料到校对文字，你是个非常优秀的图书编辑，跟你合作是我的幸运。

谢谢李静姐在百忙中帮我作序，鼓励我站上职场节目的舞台；谢谢孟非先生、何炅先生、黄健翔先生、李晨先生，合力帮我推荐这本书；你们是我的同行，也是我电视工作中的老师，每每看到你们的表现，我就会认识到自己的不足。

谢谢李响粉丝团的每一位朋友、可爱的响指们，谢谢你们对我一如既往的支持，在我写作兼顾录影最疲惫不堪的时候，你们用心地给我准备了贴心的礼物，让我有了继续战斗的动力。

谢谢赵亚默先生，是你给了我很多很棒的点子，在我的生活和工作中成为我可以信任的兄弟；谢谢单峰先生，是你陪我度过了很多个通宵写作的夜晚；谢谢巨匠团队里协助我完成这本书的每一位伙伴。

谢谢杨伟东先生、陈砺志先生、胡海泉先生、陈羽凡先生、张森女士。

这本书是李响的，也是你们的。

咱聊聊 职场

在我对面，

有很多我认为有思想的人，

在节目中我跟他们一起共事，

每一个人都有一种力量，

每个人都是一道光芒，

我是幸运的，

可以有这样一个身份和机会，

把这些光芒聚成一道光束。

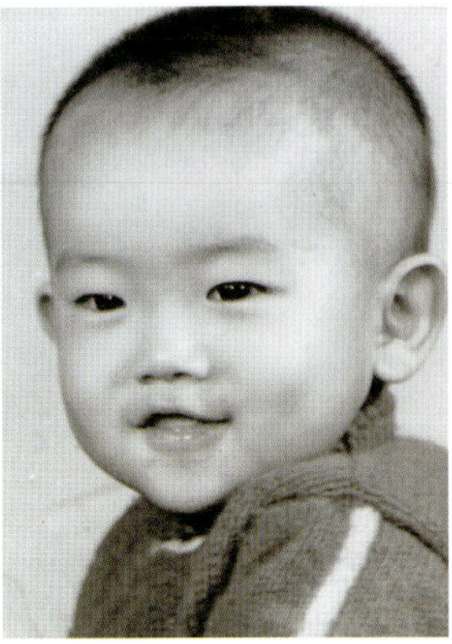
一岁的李响

三岁的李响

八岁的李响和妈妈在公园

大一时浙广校队训练

1997 年浙广足球队全家福（后排右三为李响）

浙广 97 播英文剧《泰坦尼克》广场表演花絮（左一为李响）

父母探班

超女巡演济南站　李响与父母于家中

李响入行第一年宣传照

杨石头

智立方品牌营销
顾问公司董事长

刘希平

万博宣伟中国区
董事长

夏骄阳

东方风行传媒
营销总经理

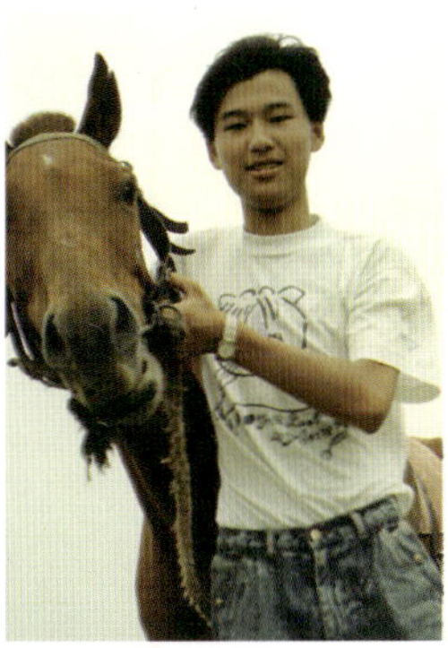

陈默

宝洁公司大中华区
品牌公关总监

岳岫山

北京岳成律师事务所
合伙人、律师

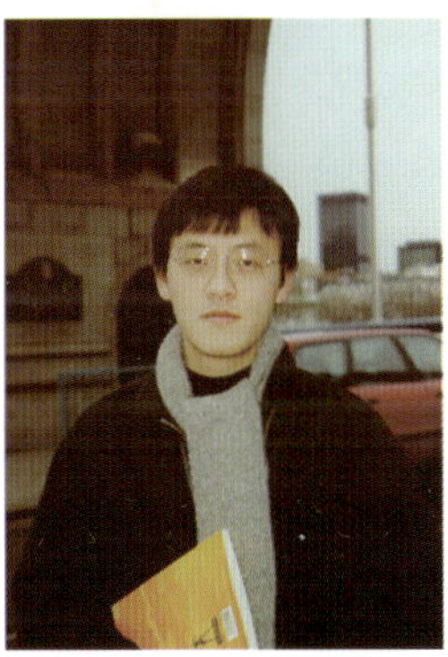

刘同

光线传媒电视资讯
事业部副总裁

申晨

新浪微博高级人
力资源经理
《微》杂志主编

郑艳

奇虎 360 人事总监

嗨聊聊 职场

我就是一根高科技的牛皮绳，把所有光芒捆在一起，形成光束，希望能照亮每一条前途莫测的道路，照亮每一个消沉阴郁的心灵。

这道光束也蕴涵着温暖的力量、向上的力量，指引我们年轻人用正直的人性在职场之路上打拼。

咱聊聊 职场

我也是自己一步步走过来的，

我能理解身旁的这个人。

他有问题，

我先委婉地告诉他，

让他注意；

他被误解，

我得替他说两句好话；

他表现完美，

我第一个开怀庆祝。

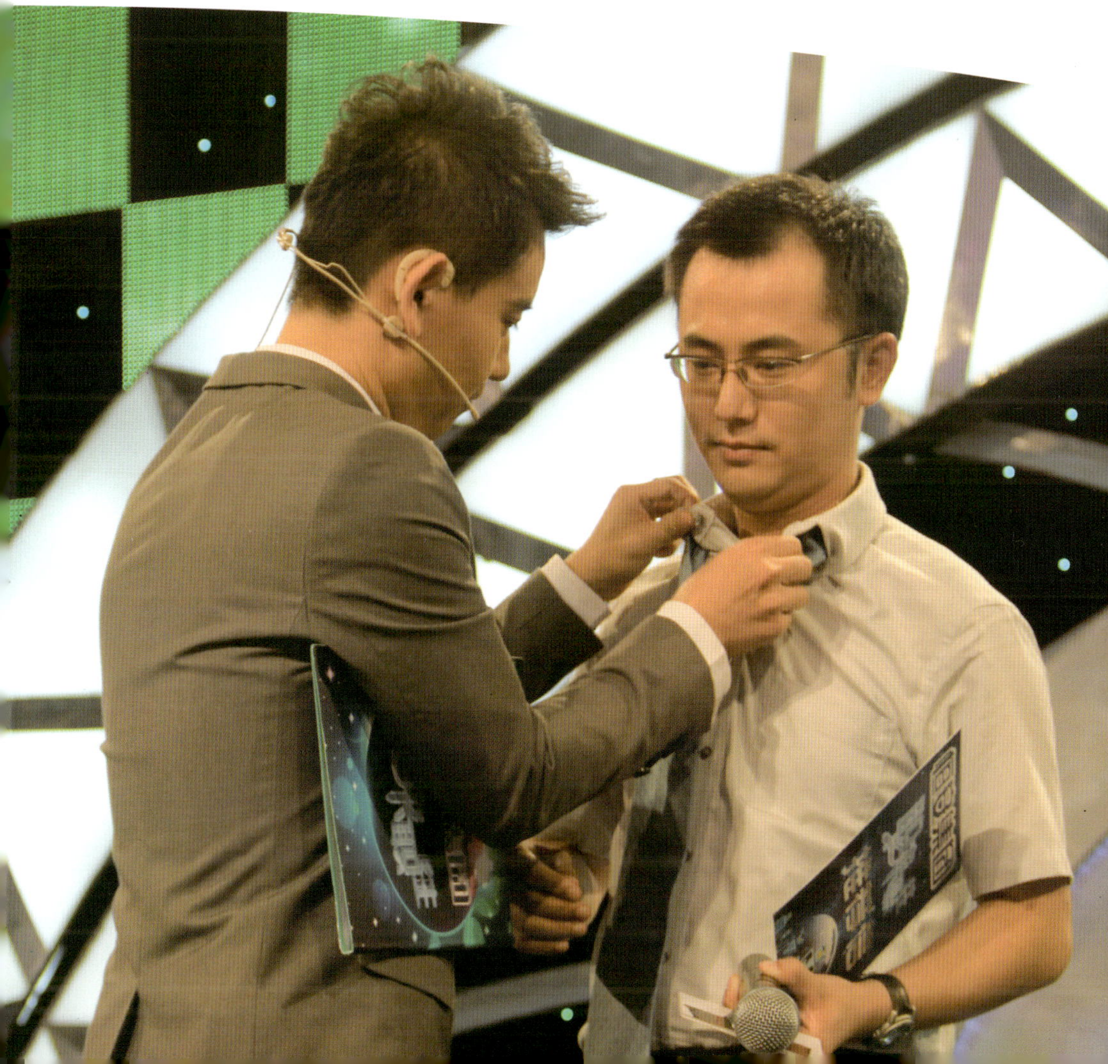

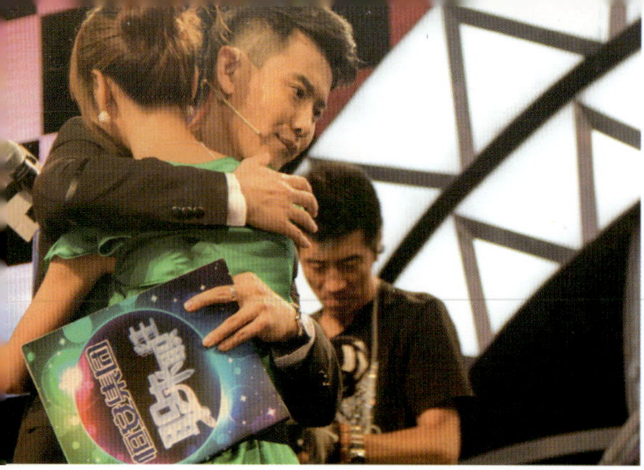

嗨聊聊 职场